崔语录：

职场如同战场，激发自己的热情，提升自己的能量，无入而不自得。

崔慈芬

职场智慧课

让我们在变化的人生中从容自若

崔慈芬／著

漓江出版社

自序

职场影响力：
把握机会，做到最好

首部曲 你就是职场的闪亮之星

二部曲 找到属于你的职场舞台

目录 CONTENTS

三部曲 摆脱小鬼难缠的宿命

最终曲 让老板挺你爱你的绝招

自序

职场影响力：把握机会，做到最好

中国传媒大学广告学院教授　崔慈芬

以往说成功、致富的条件需要靠天时地利人和，如今在“小富靠自己，大富靠天成”的环境下，唯有具备强烈的动机才能在职场上拉近与成功的距离。

山东省某个小县的县领导每天进办公室的第一件事就是先把所有干部召集起来一同玩跳绳，玩法是两人摇绳、二十几个人一起跳，其中谁绊脚了，谁就要道歉说：“对不起，是我没跟上，对不起大家了。”满头大汗的县领导说：“别小看这跳绳，这可是企业文化非常重要的一课，它培养了大家的团队精神、敢于负责的勇气，所以大家要天天跳，常常跳。”半年后县里农民的收入增加了。看似县领导靠着跳绳聚集他的人气，事实上，是他的影响力帮助他扭转乾坤。

县领导学历不高，动机却非常强烈，这是一种渴望成功的动机。假设动机成功论就是用来测试一个人是否渴望成功的温度计，那么可以说现在老中青三代职场人的体温真的很High。为什么呢？因为职场竞争较以往更加激烈，职场问题也比以往更加棘手。

职场竞争不论经济形势好与坏，不景气时，连一向不穿同一套服装出现的英国女王都曾带头旧衣新穿；经济形势好时，也不能不防因为公司购并带来的高薪失业。尤其是自从金融海啸后，全球人才明显往亚洲流动，国外一堆亚裔人士和老外纷纷前往中国大陆、台湾地区，寻找工作机会，就如同一位旅美15年后回国就业的女士所说的一样：“在别人的土地上我都能做到60分，我相信在自己的土地上更有机会做到100分。今天你不回来，明天你就后悔，因为亚洲正以惊人的速度迅猛地发展。”小心，你的奶酪不见了！职场的惊涛骇浪，职场人能不积极应对吗？

职场生态，万变不离其宗——谍对谍，险中求胜

职场问题，说穿了，就是人与人之间的谍对谍、沟通策略的问题。例如，想要求加薪不

成，升官无望，想跳槽口难开，不能不说的秘密，公司那10%的坏员工该如何处理，要效忠工作还是效忠上司？

职场上的窒碍牢笼让不少人成了工作的奴隶，就好似车奴、房奴、卡奴一样压得人喘不过气来。许多人每天眼睛一睁开，想到了工作，就全身乏力。为什么呢？因为往往工作内容本身并不累人，但是复杂多变的职场生态却足以将一个人的斗志磨光，甚至让职场人成了被工作“绑架”的受害者，这就是眼下最新的职场现形记——“职奴”。职奴意指在工作上无论面对什么样的压力、不合理的要求，都得默默地承受、无言地被奴役。例如，工作上面对不喜欢的上司或同事，即使自己心里一百个不愿意，为了生存，也得应酬着笑，就算笑容是假的，也得坚持着，有人说这就是职奴职场生存的黄金守则。试想，一位职场人在生活上成了卡奴、车奴或房奴就已经够可怜的了，如果长期在硝烟四起的工作上还当一个职奴，那可真成了快炸开的压力锅。

职场问题，并非无解，职奴也并非无法改变。本书提出了目前几大职场最常见问题，并且提出具有实用性操作性的建议。例如，假设你想成为一位获高报酬又享有自由身的职场人，那么你或许可以尝试提出“弹性工作时间”项目责任制，并且要求高额分红。投资大师巴菲特曾说过：“危机来临时，也正是该贪婪的时候了。”“高报酬，高付出，高风险”是一种赚大钱的模式，但是你必须是一位能提供“非常服务”而非“普通服务”的人。普通服务只能满足顾客，但非常服务则能帮顾客创造价值。

又例如，你要求加薪成功了，但只有在发薪日当天才有一丝快感，面对的却是一整个月的痛苦。据调查，一般人对于加薪的满意度顶多只维持3至6个月，之后就热情不再了，你该怎么办？若要求加薪不成，那么“特殊待遇”或许是你可以考虑争取的，但是如何争取“特殊待遇”这一剂强心针？公司里为何老有那10%的坏员工，他们当初考进公司也是符合公司要求的，什么原因将他们变成坏员工？对你的工作和顶头上司精神出轨时，该怎么办？彻底地尊重上司对你的工作有影响吗？

亚里士多德说：“我们反复做的事造就了我们这个人，卓越是一种习惯。”是的，每一个人的职场习惯正在造就各自不同的职场成就。而职场习惯正来自我们每天如何对待职场里的每一个细节。细节是魔鬼，一旦你懂得掌握细节，自然而然就拥有职场影响力，即使你遇到职场险境，也总能安然度过，险中求胜。

首部曲

首部曲

你就是职场的闪亮之星

让人惊喜的**职场影响力**

今日的职场人都知道要自我提升，塑造影响力，进而打造自己的职场品牌。首先，必须厘清一个大家普遍存在的误区——个人品牌等于好人缘吗？其实，好人缘、受人喜欢不一定是影响力的前提，但是在专业之外，有价值、懂沟通和令人尊敬则是个人品牌的必备特质。谈到职场个人品牌，我喜欢以许多人都害怕的蛇来举例说明。

1

Who You Are?（个人品牌的定位）

蛇的生态简直就是人类职场竞争的翻版。你是哪一种蛇，其特质决定了你是否具有影响力，甚至你是否拥有当家的气势。现在请你做个简单的测验：

在以下几种毒蛇中，选择你愿意成为的那一种蛇。

1 眼镜蛇　　2 雨伞节

3 青竹丝　　4 龟壳花　　5 百步蛇

选择答案1　如果你选择的是眼镜蛇，那么你充其量只是领导旁边的小跟班，成不了大器。眼镜蛇属于狐假虎威型，人们往往被它伸出的舌头以及具有侵略性的响声给吓坏了，其实眼镜蛇胆子很小，它发出的声音用来装模作样、欺敌的成分居多。眼镜蛇看前不看后，你甚至可以大胆地从后方敲它的头。眼镜蛇的个性，不仅喜欢吹嘘，也容易被看穿，永远成不了气候。

选择答案2　雨伞节非常阴险，毒牙最短、最细，被咬时伤口既不明显也没有立即疼痛的感觉，在商场上出手阴狠的人多属于雨伞节的个性。

选择答案3　青竹丝这种蛇，有保护色，天生就具有易容术。有的人你与他交手数十回仍摸不清楚他的个性，现今社会这种人是越来越多，职场人不希望自己是个透明人，人人渴望拥有隐私，渴望在不同环境下能随时变脸。未来随着多元化工作的兴起，每个人的头衔将会越来越多。换句话说，每个人的身份将会越来越多样，就像青竹丝一样可以随时融入任何一个团体。

选择答案4　龟壳花属于卑鄙小人型，龟壳花通常躲于暗处，就算你不惹它，但倒霉的话，也可能被它咬。在职场、商场上得特别提防龟壳花型的人。

选择答案5 如果你选择百步蛇，则代表你天生就属于杀手型的人，适合在商场上烧山放火，成就一番大事业。百步蛇鼻子两翼的两个洞，就像是红外线，具有感应热源的功能，即使蛇类都是大近视眼，但百步蛇利用对热源的超级感应，只要猎物被它盯上了，百分之百跑不掉。百步蛇型的人非常适合E世代，E世代什么都快，信息攫取、分析事物、整合资源、做出决策样样都要快。自己要像个超级感应器，随时嗅得到商机，像百步蛇一样不出手则已，一出手便手到擒来。

影响力必须要做得有价值

有些人总以为只要成了公司的高阶主管，就可以在公司拥有影响力。其实，这种想法是错的，也十分过时。因为从老板的角度出发，每个老板都希望员工的影响力是有价的，是可以快速转换出价值来的。例如，吉米在原公司待了超过18年，担任总经理一职也将近5年了，被公认具有领袖特质的他，上个月居然被董事长强迫卸下职务，大权旁落，转任顾问。

分析吉米的职场命运：天才外露的他像蟒蛇，习性是守株待兔，其力量之大就像是大力士一般，一看到猎物，连鳄鱼都可能成为口中佳肴。这种特质的人具有领袖气势，可惜力气虽大但移动速度太慢。这就好比资深干部，其历练和判断都令人折服，但太被动，面对挑战，转型太慢，老板认为这一点就使他的价值大大地贬值。因此，吉米被迫交棒。

抢下吉米手中大旗的是一名年轻的CEO，他就像金刚眼镜王蛇一般，此物种比蟒蛇更胜一筹，它更快、更狠、更准，5分钟就能让人致命，而且站起来与人一般高，永远保持优雅的姿态和英挺的气势，在毒蛇中就数它最具领袖气质。目前三十几岁就当家的职场新贵大都拥有这样的特质。

目前一堆企业正疯狂地找资金、找人才，即使是非营利性质的组织（NPO）要的也不仅仅是有“影响力”的人，更是能快速创造“价值”的人。想想看，你是哪一种蛇？它决定了你的职场品牌。

让别人出头，反而成就自己

美国的沟通及礼仪专家、好莱坞颇负盛名的宣传顾问泰莉·孟岱尔（Terri Mandell）认为，职场人要借由沟通来延伸自己的品牌，其原则是：无人不可谈、无处不可谈以及无话不可谈。个人认为训练自己的沟通力，应该是三不设：不设题、不设限、不设计。

“被人利用是件快乐的事”是一句我在演讲时常提到的话。一个人空有良好的人脉，如果舍不得拿出来和人分享，充其量只能守着现有的那么一丁点儿资源，很难在人际关系上有大的进展；相反的，一个人如果乐于让别人来利用自己的社会资源，那么“关系加关系、好处乘好处”，人际关系产生一种加乘效应，最后受惠最多的绝对包括自己，套一句老一辈人常讲的话：总会有福报的。

将荣耀分享、让别人出头，更能为自己带来多方面的尊重和友谊。就像奥斯卡颁奖典礼上，得奖者人人都有一份长长的感谢名单，道理即在于将成功归于团体而非个人，这不仅是谦虚有礼的表现，更能展现一个人可亲、可敬的一面。未来职场的走向将益发重视团队精神，越具有团队精神的人，才越能扛得起更大的责任，也才是一个有格调、有影响力的人。

影响力来自服务他人，而非追求成功

多数人都矢志追求成功，但一个有影响力的人却是矢志追求服务别人，也因为服务人的工作态度让人成为一位有领导力的人。简单地说，一味追求成功的人，经常犯了只向上看，而不低头看的毛病。只向上看的毛病套一句口头禅就是“脱离群众”，唯有低头看，才能让人的影响力从底层开始发酵，鼓励人按照你的方向去走。许多职场人都苦于无法获得同事的认同，于是采取一些容易产生副作用或负面效果的做法，例如，利诱、催逼。其实，向下服务可以产生“感染”，感染力能够润滑你的职场人际关系。我们不妨试着从以下的问题来测试你对成功的思维是什么。

问题：**你认为成功大部分来自何种特质？**

答案

1 行为上的卓越

2 本性的表达

3 他人的认同

基本上，大部分人都选择第一项行为上的卓越，但是如果你自认为已经超级卓越了，为何还在职场上频频碰钉子呢？那么问题可能出在你疏忽了第三项——获得他人的认同。美国政治家亚伯拉罕·林肯（Abraham Lincoln）曾经说过，借由爱，一旦我和敌人交上了朋友，不就征服了敌人了吗？所以，职场产生障碍时，有时不一定用向上争取的方式，而是往下服务，说不定会有意想不到的效果。

找出自己的个性职场竞争力

2

“一个人的竞争力应该有两种：一个是专业能力的竞争力，一个是个性竞争力。”这句话是我在海外读书时从教授那儿听来的。老实说，我很感谢这位教授，因为他的一席话让我在职场上免去了许多可能的挫折。同样的，今天我也把这句话送给大家。

2009年去美国时，当时经济非常萧条，与一位被裁员的老友见面时，听到他叹气说：“人再怎么能干、有专业，也斗不过经济形势！”“专业”真的是一点用处也没有吗？或许每个人对此的答案不一，但我在美国的确看到了不少具有专业竞争力的人才被市场逆境击败。那么被击垮的人还有机会站起来吗？答案是：当然有。但必须拥有另一项护身符——个性竞争力，这可以跟着你一辈子，让你一生受用！

若雅一直没想过自己也有创业的一天，是个性把她的潜力给激发出来。过去，职场的定律一向是：“拥有专业，才有成就。”但这句话应该改为：“有个性竞争力，才有潜力与成就。”

若雅到底做了什么呢？她是美国柏克莱名校企业管理系

毕业的高才生，40岁单身，替美国老板工作10年后，现在当起纽约的钻石珠宝商，经常一人带着上亿珠宝穿梭于美国东西岸做生意，令我老是担心她遭抢。身材弱小的她让我好奇，当别人苦哈哈失业时，为何她事业越做越好。若雅坚定地对我说："我现在的工作，是最好的工作；而最好的工作，正是因为我把工作做成功了。"是的，我观察到她的成功，在于专业竞争力是由个性来主导的。过去她曾在企业担任管理职务，但她意识到自己羡慕的是公司里做业务的那些同事。于是职场10年摸索后，决定改变一切。她首先应征纽约一家钻石公司的管理层，并向业务部门的同事学习采购等业务知识。两年后，她就走向珠宝商的道路。

若雅的聪明在于：她懂得羡慕人；她清楚羡慕的对象正是自己的未来方向；她了解自己是能独立作业的人；她懂得如何打擦边球，先进入钻石公司的管理层，就近学习业务，再自行创业；她充分发挥自己的热情个性，用心结交经营人脉。

职场官运，解读大不同

官运，到底是天意，还是人为？一般同校同系毕业的人，其专业能力应该是旗鼓相当的，但有人可能一辈子窝囊，有人则是从小兵锻炼成将军。我想让一个人出众的原因，除了基本能力之外，个性本身所蕴藏的几个特质，包括坚持、求知欲、坚忍度更是将铁炼成钢的关键。

最近一家大型企业招募人才，录取率不到3%。据了解，这3%的幸运儿比其他落选者突出的方面在于几个领域：人格特质、个性竞争力、工作热忱、压力忍受度，这几项普遍优于落选者。

职场人千万别以为“加强专业竞争力，找到一份稳定的工作”是人生终极的目标。每个人都有不同的个性和气质，别人的工作未必适合你。如何来准确选择适合自己的职位或者公司呢？在找到正确答案之前，我们必须接受一个观念：个性竞争力没有实际衡量的标准，自然也无法给予等量的实质回馈。但即使没有很强的追求动机，我们都应该及早正视它。因为现在拥有高学历和专业的人太多了，这种情形下，你该如何生存？首先，找出自己的个性竞争力，并且懂得适时适地引爆这份个性竞争力，将成就推得更高，才是职场的常胜军。

为你的履历**化个美美的妆！**

3

履历怎么写？这不仅是职场菜鸟的问题，也是资深职业人一辈子的考题。有人说现在80后的孩子的履历装点得好，但化妆必须是“包装”，而不是“假装”。给履历化妆是个全球性的问题，但这不是教你诈，我的确亲眼目睹过菜鸟和倦鸟的成败都在履历上。

菜鸟、倦鸟的共同难题

关于职场倦鸟，用个实际的例子来分享。阿伟进入职场已经5年了，从年轻人的眼光来看，5年称得上是倦鸟了。阿伟的问题是，他每一份工作总无法持久。他分析自己是跟着感觉走的人，他的第一份工作是台湾南部乡下一所小学的老师，后来看到同学们都往台北去，于是他不到半年就跟着到台北当起业务员。但跑业务的工作花在交通上的时间太长，于是他又换到一家超市柜台工作。在超市里，他的工作内容不外乎是收钱、找钱等，工作千篇一律。无法忍受枯燥无味的阿伟又应征了一家连锁家居店的卖场销售，在卖场里他开了眼界，可惜因为看不惯公司人事纷争，半年后阿伟又请辞了。

朋友们都说阿伟天生不是替人打工的料，干脆自己当老板，于是在朋友的怂恿之下，阿伟筹资开起了咖啡厅。咖啡厅虽没有大赚，但还过得去，不过此时的阿伟已经磨光了自己的雄心大志，他只觉得很疲倦，不知未来该何去何从？像阿伟这般断断续续的经历，你认为对他未来找工作是加分还是减分呢？

此时我们可以掌握“少旧多新”原则，过去旧的那一套成功经验已经不管用了，职场人应该要具备新思维。另外，还可以创造出与众不同的“相对优势”或“绝对优势”。

若我们只是谈如何把履历做厚做花哨，那一点也不难。但如何把履历做薄，做出自己的优势内容和职场辨识度（Identity），则是需要用心加上有心！所谓的用心指的是，你对职场表现的重视程度，而有心指的是你懂不懂得包装自己，一步步圆梦。个人认为履历就是化妆，如果说职场辨识度就是刷眉形，那么“优势内容”就是修饰脸形的线条，而“口红”正是那点缀一个人气色的最后一抹艳红。

1 阿伟的职场辨识度是：将自己定位为一个追寻多元生活的人（强调自己的原始职场个性）。

2 阿伟的优势内容：当过老师——可以做教育培训；做过推销——熟悉营销手段；待过卖场——了解商场人事组织架构；开过咖啡厅——有过从无到有自负盈亏的经验（强调职场经验将自己塑造成什么样后天职场个性的人）。

3 阿伟的追求：平实描述自己过往在工作上最大困扰是不知所为何事，相对于其他人单薄的工作经验，他的相对优势是经过几次让自己重新归零以及多方尝试，现在重新找到方向，并且肯定自己未来的价值（强调自己的决心和理想）。

一个月的工作经验能写吗？

再来说说职场菜鸟。有人开玩笑称年轻一代的职场人就像草莓，一捏就烂。但更新一代的年轻人则又有一个代名词，叫做冰块族，讽刺其不需别人捏他，光是太阳一晒，自己就自动融化掉了，讥笑其不堪用之材。但个人从正面的角度来看新一代的菜鸟，发现他们有几项很棒的特质：

1. 追求速成；
2. 只对有趣的事物感兴趣并投入；
3. 强烈希望被认可；
4. 搜集信息的能力强；
5. 直接表达自己的感觉；
6. 具创意想象能力。

罗莉就是一位经常直接提出创意的年轻职场人，可是她之前的三份工作都没做满一个月就走人了。现在她真不知履历该怎么交代。面对这样的状况，罗莉可以有以下的思考：

1. 由于她的工作方式只适合在动脑会议，但由于经验不足，因此缺乏执行力的成绩。也因为过去的工作时间都相当紧迫，使得创意无法得到执行，于是就被主管修理，有很大的挫折感，其实这是可以改变的。罗莉只要在履历上提供自己的创意，再花一点时间研究可行性，或者是多提几个创意，让所有的方案并陈，并且针对各方案进行可行性分析、成本分析、优缺点分析。

2 罗莉经常会被职场归类为鬼怪灵精的一群人，资深的职场人外表上看似不喜欢这群新朋友。事实上，职场老鸟在心理上是有点畏惧这些鬼灵精。畏惧的原因是年轻人太敢想了、太敢冲了、太敢要了。罗莉手里正有一份准备传出去的履历，幸好及时被建议修改，否则肯定石沉大海，为什么呢？因为该家公司业务部门明明只要基层业务员，但罗莉就像其他菜鸟一样喜欢把自己化装成具有决策者特征的选手，采用“发起”、“组织”、“策划”等强势字眼来彰显自己有大将之风，具有管理者潜力，看到这份履历的上司可能会心想干吗给自己找个竞争对手来。职场菜鸟勿忘在职场发展初期，公司更重视的是有执行能力的人，而非空有创意的人。若你是匹千里马，可别因为履历写得太缺乏技巧，而被一票否决。

最后提醒各位，人与人的互动是建立在互信基础上，职场也不例外，一旦被发现你在履历上造假，将立刻摧毁别人对你的信心，公司对你自身的道德也将有所怀疑。

让自己成为**大人物**

2009年上半年我分别和北京杂志圈以及电影圈的人碰面饶舌了一下，聊到了他们刚从戛纳电影节回国来的心情。意外地发现，这两批人对电影节庞大阵容印象最深刻的是一位挺有意思的主角。他并非国际影坛大明星，而是两岸美容界知名的牛尔。意外现身戛纳电影节的牛尔，还对这群朋友的职涯观带来了新的思维。

4

你有没有脱颖而出的特质？

近年来电影节总是众星云集，明星们进场总是吸引镁光灯的焦点，这也使得星光大道比颁奖典礼还要来得有看头。特别的是，朋友们说2009年开幕式上黯淡的女星秀对他们已经没有多大的吸引力了，什么章子怡、杨紫琼、欧美巨星全看腻了，男星们的穿着又显得太过低调又单调。就在大家感到无趣时，周围群众堆里突然掀起一阵不小的骚动，纷纷在问：“那位绅士是谁？”朋友们赶紧朝人群所指的方向看去，发现原来是风度翩翩的牛尔正不疾不徐地以国际级巨星的姿态大步走在红地毯上，他频频向两旁的群众和国际媒体微笑挥手，并且在媒体镜头前驻足摆出了不输给任何大牌影星气势与自信的Pose。一堆外国记者一边忙着抢拍，一边频向旁人问他到底是谁呀。

试问你曾经引起旁人的注意，并被频频追问你的身份职业吗？如果未曾有过，千万要小心，这现象可能表示你是位无足轻重的人物。当然，你可以辩说自己是个低调的人，但别搞错，已经成功的人可以选择低调，离成功还很遥远的人压根儿没多大选择。

已经算得上成功的人士可以自行选择以何种身段来示人，但假设你还称不上是位职场成功的人，那么你必须懂得成功往往不是给低调的人，而是给有气势的人。一位老板跟我说他刚刚自内部拔擢了两名员工，其中的一位即将成为新任经理，恰巧我认得这两名员工，于是我问老板为何选择A而非B，老板答说："A比较有大人物的气势，知道自己何时该脱颖而出。"老板进一步说："A是有'身段'的人，他比较能'装腔作势'，职场上就需要这样的人，而B说到底就是名好员工，可惜我不只要'好'员工，我更需要'有用'的员工。"

切记！未成气候的职场人在迈向成功之路时不能只有低调，有时更应了解自己何时该高调现身，否则你永远是那冒不出头的小草。牛尔只是位两岸所熟悉的美容界名人，但他在戛纳的大人物特质，让国际媒体一下子认识了他。朋友们七嘴八舌地形容说当时的牛尔真是厉害，红地毯上的他显得星光灿烂夺人眼目，即使不认识他的国际媒体第一眼看见他就毫不犹豫地认定他肯定是位大人物。

牛尔是巨星吗？他肯定是美容界的巨星，但他在布拉德·彼特等众星云集的地盘上居然抢走聚光灯的焦点，原因为何？秘诀在于牛尔懂得适时适地宣示做“大人物”。

所谓的“大人物”就是一个人的所行、所为、所言都掌握“领导者之姿”的精髓。职场人有时要学会故作姿态，让别人不能忽略你，让别人觉得你是名大人物，才可能获得重视，也才有机会形成气势。从重视到机会，再到气势，这就是条成功之路。

大人物的职场理论

10年前我初遇牛尔时，他只是一名热爱搞DIY美妆的大男生而已，但他抢在同业之前，以“领导者之姿”确立其在网络美妆的权威专家地位。“确立地位”是公关营销的名词，是指一进入市场，便展现领导者的企图心，将自己的高度拉高、视野放大，在舆论市场上抢占一席之地，并且进一步在行业竞争中通过自身一系列的努力占据该行业非一即二的领导者位置，从而摆脱竞争最激烈的对手，创造领先局面，拉开双方差距，进而获得全面的竞争优势。确立地位是个人形象传播和企业形象传播中经常使用的手段，在近年发展的公关学里占有一定分量。其实，展现大人物风格也就等于替自己做公关，包装自己。例如，艺人吴宗宪老早就喊出自己是“Local King”的称号，一来确立自己是台湾当代主持界天王的地位，二来借以与其他主持界前辈做一市场区分。“Local King”这句话的格局不大也不小，不会招致口气太大的疑虑或者引来敏感争议。

再例如，台湾女艺人伊能静最初进军大陆时也是采取“确立地位”的策略，宣传时总以“才女”定调。对职场有企图心的人，一进入市场就应替自己定调，就像牛尔在戛纳红地毯上为自己定调一般，向大家宣示：“I am Somebody.”定调就是一种“Recognition”，帮助他人快速认同你，不敢忽视你，对你留下深刻印象。例如，马来西亚歌手戴佩妮曾说过一句话：“我原本就是Nothing，原本就是Nobody，是被大家认同了以后我才是Somebody。”

所以说，职场人必须舍弃“让工作来证明我”的旧观念，有时让你出风头的并非工作内容，而是气势与风格。

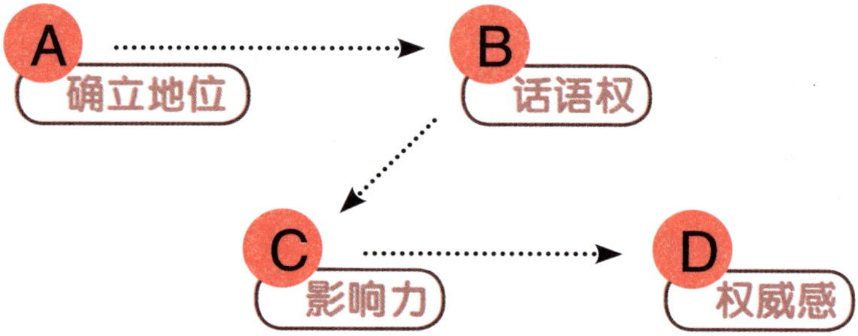

如上所述，从A到D是一个逐步建立的过程。只要从A开始确立了地位，也就相当于拥有了特定领域的话语权和最大影响力，最后就能走到D这一步，代表着其在专业领域的权威感。而话语权、影响力和权威感这三者在职场上就是前途，就是权力，就是财富。

自我训练大人物三招

重新认识成功 多数人都有一个迷思，认为事业成功的人一定很有才能，当然这是一部分事实，但并非全部，成功不只是单纯的努力工作而已。公司遇有表现机会时，你是遇事退缩，还是努力争取？老板们往往较喜欢主动站出来争取机会并完成任务的人，而非被动完成交付工作的人，因为前者留给老板的印象更接近“大器之材”。

当然，如果你是位自信心严重不足的人，那么不妨先学着做到“兴趣的成功”，在某个兴趣上累积心得，例如，软件设计是你的专业的话，那么你的兴趣可以是摄影。初期先做到在兴趣上的成就比专业上的成就大，然后强化自己在群众中的信心之后，进而以这股信心改变在众人中的认识（Recognition），最终朝事业成功迈进。

制作一张“成功比较表” 神经语言程序学（NLP）提到一个镜子游戏（Mirroring），据称若能运用得宜，镜子游戏在商场上协商成功的几率能提高五成。镜子游戏首先要找出成就令你佩服的对象，然后冷静分析自己跟对方有什么不同，把不同之处制成一张成功比较表，试着跟随对方做同样动作，模仿对方的声音、习惯或者语气。专家说，模仿是学习形象范本里最为基本的一种实践方法，试着模仿他们的习惯、生活方式、心态，慢慢地总有一天会过上和他们一样的生活。

训练身段弹性 低调亲近和高调宣示：2009年上半年牛尔参与的两场活动充分展现了他的弹性身段，2009年3月牛尔随着《女人我最大》马来西亚创刊号的正式发行到了一趟吉隆坡，现场少说也有上千人，牛尔说这大概是他从事美容工作以来，出席的一场最多人次的演讲活动。如果说牛尔在戛纳电影节是“高调宣示”，那么他的马来西亚之行则是选择“低调亲近”。他用了这样一句话来接近群众：“这场盛会让老牛深深体会在这片土地上，有无数个与我一样渴望美丽的男孩与女孩，借由不断的努力，让自己蜕变为美丽的天鹅。”

有些职场人由于个性使然，深觉当所有人都抢着要做皇帝的时候，应该有人要做平民百姓吧？于是把自己定位在永远的第二名，有人乐于当第二名，就算天塌下来也有大哥顶着，但是从另一个角度看，不进则退，这也可能反映你对工作持着一种无所谓的心态。在职场上很多时候，你怎么做事情，也是在表达你怎么做人。永远的第二名当惯了，一旦千载难逢的机会来临时，有些职位只留给一个人，第二名永远也没有机会，不是吗？因此，职场上，最好要时时练练身段弹性，懂得适时的低调亲近和高调宣示。

炒热行情，真的**很简单**

5

你是一位"三无"的可怜虫吗？"三无"指的是无金钱、无时间、无好心情。但要强调，"三无"不一定是指没有工作能力的人；有时指的是那些具有能力但没行情的人。三无的人特别需要振奋起来，炒炒行情，给自己一个新的希望。

现代人炒黄金、炒期货、炒原油似乎是一股热潮，但热潮过后容易退潮。不过，炒行情则是永不退烧的事情，尤其是在不景气时，炒行情更显得重要。炒行情的需求源自于危机感，据了解，过去上班族产生危机感的高峰期约在40岁，但现在危机感发作的年龄已经拉近到35岁，这个现象除了显示危机感和炒行情朝向年轻化发展，也说明了社会上有一大批人正痛苦地夹在经验丰富的资深同事与饶富创意敢冲敢做的年轻晚辈之间，前后夹击的处境，让人日夜担忧自己的职场行情。

炒行情前，先炒自己的个性

如何炒行情呢？是先要求加薪还是先加重自己的工作，

还是工作分量重一点就自然会加薪？其实，行情是一种市场需求，更是一连串态度与价值的拔河，炒行情得先了解自己，炒炒自己的个性。炒行情有两种典型个性：

主动出击型　属外部攻击型、对外炒行情的人。只要市场上一有跳槽加薪机会便短线操作，一旦成功则收益颇丰，但相对的风险也较高，这类人平日要具备较高的专业知识以及旺盛的精力。

消极稳重型　属于内部保值型、对内炒行情的人。他们静待机会，不轻举妄动，一方面为自己保值，一方面观察公司的长期投资价值。一旦选中一个远景看好发展稳健的公司，就像许多购买黄金、基金的人抱着“放长线钓大鱼”的心态，他们不慌不忙，清楚每年全球市场上总有黄金的需求量。例如，印度每逢年底就需求大量的黄金，就像一个公司发展到每个阶段时，总要产生好几个重要职位。这一类静观其变的做法适合那些精力有限与经验强于专业的人。

喜欢主动出击型的人特别注意要有一套冷热辩证法，在别人看好之际，你要懂得看出隐藏的风险。我一位美国朋友Steve过去3年来每个月都有被询问挖角的机会，头两年他跳槽了，第3年他心里开始觉得不对劲了，他用了冷热辩证法来佐证自己的行情。他自认自己的行情完全是被过热的市场给捧出来的，于是就在其他同事还热衷于盲目炒行情跳槽之时，他理智地宣布离职休息一年环游世界。Steve过去是在金融海啸后宣布破产的雷曼兄弟工作，现在他看到昔日同事一个个高薪失业，不禁大叹泡沫化的行情炒作让多少职场精英误判了这场华尔街的人为灾难。还有另一位在美国保险业工作的高薪族则提前在行情泡沫化之前离职，回到校园读医学院，为下一步的生涯转换做准备。

如何对外炒行情

我就是品牌 身价是可以计算的，否则媒体上一天到晚报导某某明星的身价如何如何，这又是如何算出来的呢？身价的确有个计算公式，这个公式里包括了品牌、知名度和媒体曝光度。于是，有心炒作行情身价的职场人一定要创造自己的品牌，否则总有一天吃亏。许多CEO都是凭着自己的品牌纵横商场的，即使是小职员，不妨开始把自己当作一块磁石，在工作上把自己练就成为一位具创意、有胆识、不怕受挫、发挥正向影响力的人，逐渐地建构自己的明日身价，提升自己在公司内外的价码。

不做牛也不做马，做个聪明人 一个有行情的人一定是对公司有贡献度的人。有些人误以为做牛做马的人一定就对公司有贡献，其实不然。公司要的是聪明的员工，这才是老板眼中所谓有行情的人。有行情的职场人懂得时时振作自己，管理大师大前研一强调的“OFF学”就是鼓励上班族学习关机状态，成为一位会工作也会玩乐生活的聪明一族。

提升价值靠部门轮调 不喜欢冒险跳槽的人特别适合采用部门轮调的方式，提升自己的工作新鲜感，让自己更熟悉公司各部门的实际运作，培养不同的思考角度，累积流通专业知识，建立各种人脉。这样做的好处是有助于发挥自己的优势特质，改善自己的弱势条件。这类全面学习型的人才正是每一家公司公认的具有行情的人。

需要考虑炒行情的人绝对是职场老鸟，而非菜鸟。但老鸟往往也是最无法放下身段谦虚看待自己的人。经历了2008年下半年全球经济被美国次贷风暴拖累之后，职场人更要学会理性面对风险和机遇，知己知彼是永远的真理。面对市场混沌，炒作行情时勿忘“趋吉避凶”的4大口令：了解市场、了解自己、专业储备、时间精力。

当个大老板要找的人

6

经济形势不好，大公司开始裁员，有人说“职场人在这个时候，不要辞职、不要跳槽、不要转行、不要创业”，危机其实也是一种转机，可以用来测试自己的职场竞争力。这话说得没错，不过，你的眼光必须比以前更锐利，才可能比别人更早猎取到猎物。

我一位长辈的儿子自美国名校斯坦福大学研究所毕业，他和他的同班同学中有60%全成为2009年专业白领失业的一群，情势非常严峻。原本是人人追捧的天之骄子们失业后只好躲进校园内再度进修，有的人则是天天到冷清的大卖场里闲逛，以免得抑郁症。

细说失业有两种，一种是主动失业，主动离开前一份工作，目前还在观望市场情形；另一种则为被动失业，被迫离开工作。无论如何，现在的人力市场是供过于求。就拿媒体工作来说，几年以前，据说新华社、CCTV人事部门的负责人经常在大学新闻学院院长的后头央求他：“给我们几个你们的毕业生吧。”但物换星移，现在听说这名院长经常跟在那些媒体负责人后头拜托“收留我们几个毕业生吧”。

提高自己的就业商数

面对这种激烈、冷峻的竞争态势，如何提高你自己的就业商数呢？首要工作，就是根据自己的特长做好定位，看准每一个趋势，抓住每一个机会。也就是说，就业市场虽然冷，你更应该趁机暖好身。在冻冽逼人的职场中，职场人就算不敢离职，也要做好可能被裁员的心理准备。换句话说，一定要随时暖身，以免经济大风暴来袭，遭遇冻死的命运。

赶紧针对两个方向准备几项工作，第一个方向是你目前的工作内容，第二个方向是假设你失业了，你未来可能感兴趣的领域：

1 收集该行业的资料。

2 比较该行业的特点。

3 研究该行业的发展趋势。

4 分析国际上该行业发展的最新成果。

5 分析国内行业在国际上所处的地位。

6 最后还要了解该行业在整体产业链中的位置。

关关难过，还是有人关关过

“过关斩将”是个充满阳刚气的词汇，但是不论男女性别在职场上都能关关难过关关过，关键在于你对关卡的应对态度。相信大家对自然美创办人蔡燕萍的名号应该不陌生，她以一张美容床起家，如今是上市公司的董事长。这是否意味着她比一般人聪明呢？有一次我听友人提及蔡燕萍时，说到由于她属于天蝎座，天生聪明，所以事业自然成功。当时我听了不禁莞尔，与其把成功的原因归结到星座，我倒宁愿相信蔡燕萍绝对是位天天努力看数字的生意人，她提早看到了美容不仅是个行业，更可以是个产业。从她创业至今，已经历过几回的经济风暴的冲击，而她面对狂风巨浪的方法就是不断提升自己。当渠道是老大时，她早就抢先一步布局渠道，而当市场上以产品称王时，她早就建立好完备的生产基地，还创设美容培训学校。我觉得她比学EMBA的人都懂得看“趋势”。

有一次，我到日本高消费地段的银座，逛了LV、PRADA、GUCCI等知名精品店。当时银座街角有一个以60岁女人照片作为招牌的商务酒店，吸引了我的目光。这个女人头上那顶既过时又夸张的帽子看来着实突兀，整体形象看来很像谐星，根本不适合拿来作为酒店的广告标志。但一问之下，才知自己有眼不识泰山。

这招牌上的奇女子就是酒店老板——元谷芙美子，她不仅不在意别人对她造型的评价，甚至她还希望因此引起大众的注意。果不其然，酒店老板的造型成了人们的聊天话题，而她也懂得抓住机遇，拼命接受媒体采访。日本人说：“我曾看过一炮而红的艺人，但没看过像这样一炮而红的酒店老板。”如今这家酒店在不少地方都高挂起招牌，仿佛这一位女老板正在努力施展她那独特的魅力。试想，连60岁的女性都天天想着如何出奇制胜，增加商场竞争力，年轻一辈的职场人，是否该汗颜？有时，面对问题不是找不到方法，而是你有没有不认输的精神。

大老板要的是哪种人？

实际上，对于职场新鲜人或职场老鸟来说，工作执行的成效并非是公司对你最主要的要求，当经济状况不佳时，公司更重视的是员工的积极性、责任心、是否有解决问题的思路、增加公司竞争优势的能力。当老板考虑裁员时，以上这些往往决定了你是被留下，还是被淘汰的命运。

例如，一位大学毕业生一直找不到适合的差事，只好暂时委身在饭店工作，上司交给他的工作是清理马桶。这位毕业生自知工作难找，因此心态经过一番特别的调整，他把清理马桶这件事给好好地发挥了一番。他不仅一边吹着口哨仔细清理马桶，末了还用手指头绕了马桶周围一圈，仔细检查是否还有污垢。就这么巧，他的上司看到了这一幕，决定把他调到柜台担任第一线。谁说几年后他不会摇身一变坐上饭店总经理的宝座呢？

你是哪种人呢？这决定了你是否能够应付职场的冷空气。

为自己设计国际化的职场路线

7

什么是生涯（career）？生涯是一个终身的经验系列，形成一些前后相关联的模式（类型）。（A career is a lifelong series of experiences that form some kind of coherent pattern.）

这句话指出生涯应该是终身的发展或连续的成长。更进一步说，所谓的生涯规划是一个连续的系列，每一个阶段都有互动影响，我们在进入职场一开始就必须进行比较长远的规划，以免中途遭遇重大瓶颈。

大部分人认为二十几岁初进职场的阶段是生涯规划最重要的一个时间点，其实不然，拥有5年以上工作经验起才是更重要的一个阶段，因为很多人在5年之后开始面临零碎、纵向的选择。例如，在同一公司内努力往上晋升或换部门，因为这样的人以为升职、加薪就是最好的出路。这样的想法在过去可能行得通；但在未来，其风险也非常高。原因为何？因为将来每个人都逃不开国际化的冲击和挑战。

你是什么样的人？

以下三句话，你希望别人用哪一句话来形容你？

1 你是个很有学问的人。

2 你是个很会赚钱，很有成就的人。

3 你是个很有远见，很会过日子的人。

其实，不论你选择哪一个选项，你都逃不开国际化这三个字。人无远虑，必有近忧。就业市场的现况当然会影响每一个职场人的生涯发展，越能掌握职场的发展趋势，就越能拥有理想的生涯发展。

消费M型化，人才竞争也M型化

在研究职场这门学科多年后，我有以下的心得：当前的企业招聘人才的规格趋向M型化。怎么说呢？就拿在职场工作已届6年的玲敏来说，年前刚面试了一家银行的管理职位，她惊讶于这家银行光是面试一名储备干部的测验，居然就要花费一两万元。这家银行甚至还展开一项“全球猎鹰行动”，为征求80名干部，不惜斥资百万，远赴纽约、伦敦等国际大城市，寻找具国际化特质的人才。相对于征求干部的千挑百选，银行在征求业务推广和服务台人员方面，其要求的门槛却降低很多。这种两极化的现象，就像英文字母的M。随着社会的快速发展，富人、穷人的消费就是一个典型的M型消费，高低两端水平差距甚大。而职场现象也将是朝M型化发展，越是优秀人才越受到追捧，国际化人才将是“当红炸子鸡”。最后，玲敏并没有得到银行干部这份工作，原因就在于她过去只注重纵向发展，而忽略了横向发展，缺乏在跨国公司的工作经验。

又好比郭桥的例子。5年前，他面临过一次该不该跳槽的抉择，当时老东家打算将他升职加薪，光是公司股票配股就有百万身价，但他一心想飞向国际的天空，经过一番挣扎后还是决定跳槽到了另一家跨国公司的设计中心。郭桥知道虽然跳槽后他的工作职位并没有升级，但这家跨国公司在全球十几个国家都有设计中心，他将可以通过各种项目的合作机会，了解跨国企业的运作、拓展他的国际眼光。这家公司他只待了一年，立刻被一家手机大厂挖角，结果郭桥一年的跨国公司工作的经验，帮助他掌握了跨国团队合作的运作和文化差异，他最后交出了漂亮的成绩单，并晋升国际杰出设计师之列。他说当初如果不走国际化路线，就是自我设限，被淘汰只是早晚的事情。

就业市场肯定国际化

“今年底要让公司业务市场占有率超过30%；明年要展开合并；后年要走出去。”说这句话的是一位大老板。他说，产业的三项特征——业务国际化、资产规模化、公营民营化，会充分反映在人才需求上。目前就业市场正在迅速地国际化，国际观与两种以上的语言能力，将成为关键性条件。大老板接着说，他用人只有一个原则：“我绝对不接受不长进的人，我裁人的速度很快，你不够国际化，我就立刻换人。”

如何为自己设计国际化路线

职场人可以依照下列三个方向来定位下一个工作，以作为国际化路线的跳板。

锁定行动化的工作模式　据估计，约有40%的西欧工作者是使用E-mail进行沟通或工作，更有8成的人是在旅行出差中利用行动数据完成工作，将来数字化的比例将非常惊人。显然，行动化是无可避免的工作方式。工作者将在移动中大大提高工作效率，迅速融入国际化工作环境。

把握关键因素突出自己 国际化路线尤其讲究专业，你必须让自己在此关键性因素上非常杰出。

掌握企业文化差异 在职场你必须让自己性格开明，了解并包容文化差异。举例来说：

美式风格：在崇尚竞争的美式文化下，老板敢给高薪，但只要3至6个月内未达业绩要求，就必须有走人的准备。抗压性高及应变力强的人较合适。

日式风格：日本企业大都终身雇用，日式团队强调合作精神，责任心重，决策时间较长，重视程序，处事要求细节，重视阶级伦理，讲究团体成绩，而非个人绩效。

欧式风格：欧式风格公司注重简洁，某家欧洲企业非常在乎员工的仪表，主管曾以一句“肮脏的桌面，肮脏的心灵”（Dirty Desk，Dirty Mind）为口号，要求员工注重桌面整洁，提高工作效率。

“三流企业做产品、二流企业做品牌、一流企业走出去”，这是张裕酒业的口号，为了他们的国际化之路——请进来、走出去，百年老店的张裕选派具有国际化特质的人才赴欧美深造。张裕酒业不仅是动起来了，并且是跨大步走，张裕正在为自己设计国际化路线。试想，连企业都明白人才能使百年品牌永葆时尚魅力，那么职场人怎能不赶紧为自己走出一条国际化的道路呢？

职场势利眼的**最大受益人是谁?**

8

“你不要走，晚上我要跟你开会。”一位刚离职的外企高级主管恬怡说，她几乎每天晚上7点左右都会接到老板的指示，要她晚上开会，结果她就一直在公司等到午夜。“太晚了，明天再开吧！”老板特助一通电话把正在打瞌睡的恬怡给惊醒，这类白等老板开会的回忆，就是这位高级经理人离开现职的原因。而让恬怡心里更不舒服的是，当她拎起公文包准备搭出租车回家时，竟看见前一位跟老板开会的同事坐上老板的车，正在车上与老板口沫横飞地聊天。“效率，效率，效率”，老板每天口中挂的就是这句话，恬怡觉得她只是一味地把命拿进去豪赌。

另一个例子也经常发生。当你有急事找主管报告时，主管却一边讲着电话，一边看电子邮件，好像完全忽视你的存在。而另一位公司高层进来找该名主管时，这名主管肯定立刻站起来，并对着电话那头说：“等会儿再给你回电。”职场人认为这种势利的情形充斥在每个办公室里，有时连打扫老板办公室的清洁工也跟着莫名其妙地势利起来。

“势利眼”的最大受益者是谁?

美国一家寿险公司招聘人才时看的不是学历经历，而是要应征者先通过“职场势利”测验。寿险公司老板认为员工要有好业绩，首要条件是要能承受得住时常吃闭门羹的尴尬与挫折，也就是经得起别人势利眼的对待。

看来，势利眼可以增加人的历练，那么谁是最大受益者呢？答案是：新人。

新人怕问人。某位外企老总说："现在的新人，学问都不赖，但是都有一个共同现象——怕丢脸。"新人初入职场难免会遇到问题，但许多人怕丢脸，不肯问人。如此一来，可能拖延时间，或者漏掉重要的信息，而把一件简单的事情给搞砸了。

新人眼高手低，过度自信。某位公关公司总经理感叹许多新人眼高手低，对基础工作不屑一顾。他们曾录用一位有两个英国硕士学位的新人，这位新人平日对于主管的要求不理不睬，抱怨工作太乏味单调。一次重要的新闻发布会，因为他的疏忽而惹毛了客户，最后他被辞退了。把他Fire掉的总经理对我说，这位高学历的新人自视甚高，但对公关行业的基本功夫，例如，撰写新闻稿、确认厂商、客户服务等工作抱着轻忽的态度，一点儿也不放在心上。"凡事无法一步登天，主管也都是这样磨炼过来的。" 总经理替这位条件不错的新人惋惜地说。

机会是留给"善待关系"的人

诺贝尔经济学奖得主弗里德曼（Milton Friedman）曾说："哪里有管制，哪里就有特权。"亲疏远近、利害等级就是职场势利的源头，一般人不会对与我们关系亲近或有利害关系的人太势利；而容易对那些关系疏远又没有直接利害关系的人势利。但是我们在处理势利眼的同时，也必须懂得善待关系。请动动脑，想想看以下的状况，你的最佳关系人在哪里?

举个例子来说，名医一诊难求，但是如果你懂得运用关系，名医也会变成你的御医，来看看怎么做?

1 请大官帮忙

一定挂得上号。

2 找名医的亲友帮忙

亲友们一定会交代一句“这是自己人”。

你认为哪一种关系会更受到照顾呢?答案应该是2。找大官帮忙的人，医生基本上会卖面子，但有可能医生心里会排斥这样的压力。反而是自己人的关系能让医生打从心里特别重视这位病人。别忘了，能帮你在关键时刻找到名医的人，极可能正是你公司收发室的大婶，而她侄子正好是位名医。所以说，机会是留给平日善待关系的人。

职场前途从观察主管开始

对自己前途有高度期待的人，不会将势利眼的人视为职场绊脚石，反而视为自己前进的推力。有能力的人不会抱怨身边的环境，只在乎是否能把工作做好。一个检视自己职场前途的办法：观察主管做的职务，是否是你所追求的。如果是，表示主管对你工作方式和进度掌握的要求，都是主管自身经历过的磨炼，所以你就逆来顺受地做好它。

职场上一步一个脚印是应有的态度，身为主管总会有“高处不胜寒”的压力，尤其规模越大越使他们觉得难以掌控。而这样的人除了一边要努力往上爬，也一边害怕同事或下属捅了娄子，把他给拖下水。换言之，对你要求严苛又势利的人，正是对前途非常在乎的人。职场人最好经常和能力强又果断的人为伍，与往高处爬的人为伴。专注于自我实现的“势利眼”将是推动我们迈向成功的伟大双手。

二部曲

二部曲

找到属于你的

职场舞台

掂掂自己的斤两，**大公司的出价策略**

1

根据调查，每逢年底就有近56%的人换工作，其中又有近42%是想拿更高的薪资。特别是在物价上涨但薪资不涨的现在，跳到一家好公司就好像选到一只绩优股。不过，一般职场人只懂得从自己的角度去争取高薪，却不十分了解大公司或大老板是如何为你定价、评估的。薪资这档事是不好谈，但得好好谈。谈薪资不一定非要斗智斗勇，但薪资如何领得高，又领得久，是每逢年底的热门话题。

以下这个案例，相信很多进入社会两三年的人都心有戚戚焉。

Gindy：我进公司5年了，有3年没调过薪了，我想跟公司谈一下加薪的问题。

主　管：你觉得公司亏待你了吗?

Gindy：不是的，公司对我不错，我只是想加薪而已。

主　管：不过，在我听来，你好像对现在的工作条件不太满意。

Gindy：不是的，你别误会，我只是想我身边很多朋友都加薪了，只有我原地踏步。

主　管：关于薪资，公司自有一套评估系统，会照顾每位员工权益的。

Cindy： 但是我已有3年没调过薪水了，似乎该重新评估一下了。

主　管： 难道你怀疑公司行之有年的评估系统？

Cindy： 不是的，不是的，老板你千万别生气喔。

以上是要求加薪的Cindy与主管谈判实例，但是主管从头至尾采取负面的表述方式，暗示Cindy觉得公司亏待她，让Cindy一直处于被迫解释的地位，而这段对话可能也就无疾而终。“让员工觉得公司待他不薄”这一点，正是许多公司在员工开口加薪时所采取的迂回策略，试图让员工感到心虚、害怕冒犯主管，最终让步，特别是不敢提那敏感的数字问题。特别是女性为自己争取权益时，女性往往比男性更不自在。有人说这就是为何男人能拿10元，女人只能拿到7元的原因。

大老板的心底事

薪资VS股票　有些强人所领导的上市公司，其公司运作并不透明，老板为了吸引巨大的游资，选择与小股东站在同一阵线，老板本身只领象征性的一块钱薪水，一切都从股价以及配股配息上获得回报。有位公司股价不断创新高的老板平时施以高压政策，但过年时则大方送出几千万元股票给员工，连公司的欧巴桑都荷包满满。这一型的老板由于只领微薄的薪资，因此，他不喜欢员工跟他计较薪资问题。他的出价策略是：“用薪资来压榨员工，但用股票来麻醉员工。”

高薪是冲锋的助力 有的老板采取“鹰式管理”，三天两头就把记过惩罚放在嘴边。这型老板尤其以家族第二代最多，第二代接棒后压力极大，为了镇得住老臣、调整人事、替企业注入活力，通常给人无情、冷酷、要求高效率的印象。这样的老板可以给高薪，但绝不让员工安于现状，跳到这样的公司得先练好身体。这一型老板的出价策略是：员工最好懂得“动物兵法”，能将公司的市场规模冲到宛如一头巨狮。这一型老板最欣赏具有侵略性又能干的员工，建议求职者在面试时凸显自己的领导魅力与企图心。而跟着这样的老板拼斗有个好处，日后你就是大功臣一位，论功行赏少不了你这一份。

争取薪资提高的12345

1 与外界的人力资源公司保持联系，时时了解市场行情，迫使老板起码做到“反映市场行情”。

2 每事一小谈，每年一大谈。所谓的每事一小谈，指的是工作任务上的沟通；而每年一大谈，则是对于人生目标的沟通，许多人选择在年前结婚、买房等，让老板充分知道你对工作、家庭、人生的看法，有时还能诱使老板通过加薪帮你提早达成目标。

3 在向老板提出加薪要求前，请一个朋友先行协助你练习说出你的想法。例如，先前提到的Cindy可以这样说：“这件事让我有点难开口，但是我真的想让你知道我的想法。”这样的开场白至少能让主管对于你接下来要说的话更有耐心。

4 若老板觉得你挑战了公司的薪资评估系统，千万不要默认。评估系统上可能存在所谓的“平等”，但老板用人给薪资却没有所谓的“公平”。大老板即使对待员工不公平，员工却也不可挑明说，必须很客气地说：“我看得出来你觉得我冒犯了你。”

5 在原公司没有足够加薪空间时，一定要考虑跳槽。但跳槽基本上要以薪资至少增长20%至30%以上为目标，才有跳槽的意义，才能平衡跳槽可能付出的代价，例如付出更多的工作时间与精力。

应该如何报身价才有效果

采取幅度法　求职者先不要急于报实价，以免说死了。一般来说，目前的薪资水平就是未来老板出价的参考标准，建议职场人只说薪资幅度即可，顺带提及福利部分具体是多少，根据福利的标准，对方公司很快就能算得出你目前的身价了。大公司一旦要录用你，肯定会在你原本的薪资水平上再往上加，但大公司也特别忌讳身价掺水的求职者，因为这已经触犯了不诚实的戒律。

真正进入实质性谈判　越重要的职务，面谈的关卡越多，一定要经过两轮以上才能真正进入实质谈判的阶段。所以求职者初期使用的“我不是重视薪资高低的人，更看重的是发展前途”此类客套话，到了实质谈判时可千万要抓紧机会说出自己的期望值。一般而言，具有3至5年以上经历的求职者跳槽后加薪幅度最少应在20%左右。

福利应与世界接轨 举欧莱雅集团来说，内部有个“全球利润共享计划”，公司根据前一年盈利状况，拿出一定比例的利润提高员工福利。一般外商都有完善的福利计划，养老保险、车贴、房贴、驻外工作津贴、子女教育津贴、膳食补助金、圣诞节奖金、加保的健康医疗险、股票期权等优厚的待遇样样不少。建议职场人开口报身价时，可在“薪资”与“福利”两者间取得妥协，这样谈判成功的机会也比较大。

身价反映相对的责任义务，不增加福利薪资就不接受更多的责任 在你的薪资与市场行情落差极大下，如果你第一次要求加薪而被拒绝了，不要害怕第二次的拒绝，起码你的主管有这样的印象：你希望通过薪资来反映你的价值。接下来把你可以再努力的方向列出一个清单，6个月之后可再请公司重新考虑你的要求，如果老板重视你，最终是能争取到谈判机会的。但若薪资不改变，你也必须表明无法承担超出职责太多的任务与责任。

“资深”的困境

2

随时检测自己“资深”的状态

什么才叫“资深”？有时不纯然是制度上的问题，有专家这样评估，在以下二选一的情景下，你会选择哪一个？

1. 致力于实现长期目标（5年以上）或是满足短期需要（5年以内）？

   A. 长期目标　　B. 短期目标

2. 更关注于个人需要或是家庭需要？

A. 个人需要　　　　B. 家庭需要

3. 相信专业人士的意见或是相信个人的判断?

A. 专业人士的意见　　　　B. 个人判断

4. 追求稳定和安全的未来或是谋求充满全新机会和挑战的未来?

A. 稳定安全的未来　　　　B. 充满全新机会和挑战的未来

5. 倾向于与同事达成一致或是让自己的观点与众不同?

A. 与同事达成一致　　　　B. 凸显自己的观点与众不同

假设你的选择是后者居多，那么你的状态明显属于资深一族。

还有专家是以工作压力和疲惫感来测试，例如:

1.我能很容易地了解客户的感受。

A. 是　　B. 不是

2.我把某些客户当成没有感情的物品看待 。

A. 是　　B. 不是

3.我能非常有效地处理客户的有关问题。

A. 是　　B. 不是

4.在我的工作当中，我能够很冷静地处理情绪。

A. 是　　B. 不是

5.我在工作中做了很多有价值的事。

A. 是　　B. 不是

6.我觉得我的工作对他人的生活有积极的影响。

A. 是　　B. 不是

7.我有一种实在无能为力的感觉。

A. 是　　B. 不是

如果你的答案以“A”居多，那么你肯定属于职场资深者。

资深的傲慢是职场的毒药？

有人自嘲，现实生活里明天会不会更好不知道，但明天会更老是确定的。就像香港影星萧芳芳曾说过：“女人一旦过了40，身上每个线条都往下垂。”每个职场人进入职场时都是意气风发的少年，一转眼就变成中年。前天一位资深顾问Tammy说，她有一天在办公室茶水间，不小心偷听到员工私下批评她这位资深总监是死脑筋，不知与时俱进。这位资深顾问坦言说，她听到后心情被严重打击糟透了，连续几晚都睡不好。但站在公司角度想，她这个资深顾问的位子是否已经严重打击员工士气？是否因此直接影响工作质量？因为许多公司都打着资深制度的美名，其实大多在替卸任主管大开方便之门，为特定人士量身打造、谋其私利。

如何走出资深困境？

Tammy是其他资深者所羡慕的对象，因为Tammy的老板有情有义，还替Tammy量身打造了资深顾问一职，但其他资深者就不一定如此幸运了。资深的困境应该如何突破呢？

心态调整　资深者从云端下来，要调整心态，高学历不得志者十之八九，肯吃亏是必要的心态调整。

之前，遇到一位在闹市区卖葱油饼的周呈，年龄45的他来头可不小，曾经是上市公司的副总，还是毕业于斯坦福大学的博士。一年前成为公司派系纷争下的牺牲品，为了调整心情以及重拾对工作的热情，他决定以卖葱油饼作为起点。他一年内在各个店家门口做了300场左右的试吃会，并在路边搭起临时推车，做饼送路人吃。有一次，他送给服装店免费试吃，但却被老板拿出20元打发他；另一次，还被店家放狗追赶。一天被赶了十几次后，他开始调整心态不再说“我的东西有多好吃”，而是对人说：“前一个店家吃了我的东西，他们说还不错，你要不要试试？”这次店家就被他说服了。

资深者一向沉迷于“自己有多好”，周呈后来才学会调整心态，不再坚持于自己的感受，而是以他人的感受为主，学会随时随地都在做营销，能接受挫折。周呈说有了这次经验后，他未来做任何事情都有信心。

开始布局　在前一份工作上准备，广结资源人脉，不斤斤计较，大家都喜欢。晴美是个单亲母亲，资深的她曾在工作上陷入困境，公司的年轻员工也不再崇尚师徒制，让她这位资深者大叹不知为何而战。后来她在书上看到大前研一提倡“Reset，归零”的概念，开始身体力行，要求自己在工作性格上要有协调性，要有学习力、营销力，把职场上的能力再次显现出来。

她训练自己的方法是利用清晨花店正忙时帮忙打工，她每天天未亮时早起去帮忙花店将当日要送出的花整好插好，晴美跟着花艺师学到不少美学设计和色彩的概念。晴美原本是一位资深的出版社总编，跟老板的理念渐行渐远，她采取的方法是“开始布局”，她一直觉得自己在美学上先天不足，如果能弥补这个缺憾，就算在公司内部的发展到了顶，外面的世界也一定有机会。借着半年的花店打工经验，晴美考虑未来朝以设计美学为主的杂志社发展。还记得我一年前对晴美陷入资深困境时的建议是：“先求稳，再求精。”如今她真的做到了。

重新找出自己的优势 老人和新人所犯的毛病是一样的，职场新鲜人对自己的能力审核不足，但有些资深者唯一的优势就是“这份工作做久了熟悉了，但相对的，其他的工作也不会做了”。我注意到有些资深者也会跟刚毕业的大学生一样高估自己的能力，年轻人是年轻好胜，而资深者是资深好胜，从而导致了在工作中眼高手低，有时又产生莫名的自卑情绪。勿忘，一个人职业的成功发展，有两个因素不可或缺：一是，一开始就能精准地审核自己的能力；二是，对自己的职场做出适合自己的规划。即使自己已经很资深了，但仍应随时给老板一种“找对了”的感觉。正确自我评估的人会给老板一种很明亮的感觉。

资深困境就像婚姻，每一桩婚姻都难免吵架，但如果一直无法找到解决的方法，所遗留的问题必然是下一次吵架的导火线，长期忍耐或是搁置问题都不对。工作的感受和婚姻一样，首先要考虑的应该是自身快乐问题，如果资深的工作无法带来快乐，那么关键是要去找到现象背后的原因，当你无法在工作上换一个新职位出发时，不妨试试自己先换一个想法和角度来做事情，或许它能帮你重新找到能量的源泉。

在职场，你凭什么任性？

"在职场，你凭什么任性？"是个很理性的话题，但今天我想感性一点，分享一个发生在美丽空姐身上的故事。

3

一位美丽空姐的真情感动

网络上一度流传这样的美丽故事：士琪上月又再度被要求加班，她蹒跚地搭上飞往伦敦的长途班机。已经飞了五年的她对于在机上端盘子、卖免税品、应付刁难的客人等，感到乏力无劲。有时，她免不了会偶尔的任性，仗着资深把难缠的事推给其他空姐。然而这班飞机上的一位失智老人让她从此对工作有了不一样的态度。

在机上，这位失智老人突然大小便失禁，他的家人嫌恶地催促他到化妆室处理，只见这位老人从化妆室出来时惊慌地大哭，因为他怎么也想不起自己的座位。此时，空姐发现他身上恶臭难闻，而化妆室也惨不忍睹。周遭乘客纷纷投以嫌恶的眼光，老人的家人说：“飞机空得很，将他换到最后一排的位子就行了！”就这样，老人独自坐在后头，低着头，擦拭着眼泪。

谁也没料到，一个小时后，老先生换上了一身干净的休闲衣，笑容满面地坐回原位。在士琪的询问之下，才知道另一位空姐牺牲自己的休息时间，用湿纸巾慢慢地替老人擦洗干净，向机上男同事借了便服让老先生换上，还将已经暂时关闭臭气冲天的化妆室清理干净。所有空服员都对她说：“老先生的家属都不管了，你何必要自找麻烦？”这位空姐说：“我们还要飞十几个小时，对老先生来说，这是多难受的旅程呀！何况，少了一间化妆室，乘客就不方便呀，我帮助那位老先生，其实也是在服务其他客人。”

士琪听毕，想起母亲曾说过：“以前最有福报的工作是什么呢？是摆渡的人。因为他们将人们从一个地方，平安送达另一处，让人们有一个好的开始。”她觉得这位同事正以摆渡人慈善的心态从事服务业，在这位好心同事的身上，永远看不到任性与抱怨。

任性的员工VS任性的公司

“我的内心充满童真、任性，我在温室中长大、吃软不吃硬。特性是个性独立、具领导才能、不爱转弯抹角、不喜欢约束、想做管理工作……”

以上是我最近见过的一份履历表，我猜这位应征者应该是位孤单的人，因为通常任性伴随着孤单。任性的行为会造成内心封闭，排斥多元发展。而任性更是老板选择管理干部时所尽量回避的。

不过，也有一位全美最大户外用品公司的总裁大力提倡“任性却独门”的创业成功法则。这位怪怪老板的工作守则第一条就是，让员工可以随时跷班去冲浪，只要风浪来了，员工马上可以很任性地说：“不管了，大爷要去冲浪了！”世上哪有这种好事？其实，任性的员工与任性的公司背后，是极大的业绩压力。在这家公司里任性的条件是贡献你的所长，说穿了，都是现实的利益。除非你扛得起这么大的责任与压力，或者恰巧是老板的亲戚，否则是没有本事任性的。

任性与双生涯家庭的兴起相关？

女性职场上的任性有两种，一种是无知的任性，另一种是上瘾的任性。上瘾的任性与社会学讨论的Dual Income Family（双薪家庭）与Dual Career Family（双生涯家庭）相关，这里我们要特别关注后者的问题。虽然这两者看似相似，但对双生涯家庭的夫妻对于个人的事业有着更高的承诺，认为工作等同自我实现与个人认同。她们视职业为事业，追求事业的成长甚于实质的报酬。

一般人工作的动机依序为：金钱、个人满意度、个人独立、建立人际网络。据调查，任性大部分与金钱无关，反而是金钱以外的个人感受问题。个人感受会让一个理性的成人在众人面前失去冷静和分寸，甚至做出蠢事来。对生涯上瘾、特别看重自己的人，就更容易任性而为。换言之，平日看似理性程度越高与生涯追求越高的人，其实是最容易任性的一群人。

任性的“危险”与“机会”

举例来说，前阵子，有个好朋友启胜垂头丧气地说：“我被老板莫名其妙地炒了鱿鱼。”启胜过去在工作上一向表现不错，竟然也被裁员，实在让大家跌破眼镜。不过，老实说，两年前我就说过启胜总有一天会因为自己的任性而吃不该吃的亏。启胜不算骄傲，但是挺有个性，说难听点就是任性。那天被老板辞退的情形是：公司开会时，老板故意对启胜不友善、咄咄逼人，并且说了一句：“我都不知道你到底读过大学没有？”结果，他当场被激怒，丢下一句话：“我不干了！”

有时，主管就是看准了你的任性，一旦想宰你又找不到好理由时，就会利用尖锐、单刀直入的方式激起你的任性，导致你心理防线溃堤，掉入别人设下的陷阱。

但任性也有可能带来机会。另一位朋友桑妮可就幸运了，从事客户服务的她，除了学历比其他同事低，工作表现比研究生毕业的同事还要来得强。前两次公司晋升干部时，桑妮就因为学历而老被剔除在外，上个月她决定要任性一次。首先，她获得客户的谅解，采取消极抵制公司的态度，在与公司关系紧张的这两个月当中，她与公司都在试探彼此的态度与实力，尽管同事们都劝她别任性以免丢了工作。最后，桑妮靠着自己的强者本事，任性到底。最终，老板终于公平审视她的能力，除了给予经理的职务，还发给桑妮团队绩效奖金，并且鼓励她有空时进修学位。

学习用企业的角度看事情

不要任性辞职 据调查，女性比男性更容易任性辞职，女性辞职有很高比例是为了家庭与育儿（家庭经济收入仍以男性为主，女性陷入自己的工作只是贴补家用的错误思维，导致女性容易率性离职），女性职场离职以致年资无法累积。而男性，据调查，有大部分是个性上任性而为，建议男性朋友尽量以企业的角度来看事情，换个角度想，比较容易让人一时的情绪抽离开来，并以较冷静的态度来处理自己的职场去留。

不要任性说话 说话的艺术在于适当、得体，有些话或许是实话，但是一说出来，却伤感情。有些主管即使当场不发作，心中也很不爽。

不要任性出走 任性出走真的可能成功吗？有人即使没有雄厚的资本，没有亮眼的学历，仍然任性出走创业成功。不过，任性出走之前应该对自己的前途有一番想法。

不要任性改变与上司的关系 有些人与上司任性闹脾气，搞到自己也没脸待下去。这就是没有拿捏好职场的从属关系，一般主管对此很感冒。

做一个具有分寸和常识的人

有一位拥有MBA学位的上班族靖靖对我说，她一直以来喜欢《射雕英雄传》里黄蓉的古怪精灵与任性邪气，但有一天她在洗手间里偷偷听到同事背后议论她是位任性的小姑娘，还说那位表面上对她和颜悦色的同组女同事凯茜其实别有居心，想私下把靖靖踢走。听到这些话，靖靖这才惊觉她的任性在同事眼中反成了笑话，甚至成了职场暗斗的工具。她在博客上说她自己的蜕变就是：少一分天真，多一分沉稳；少一分浪漫，多一分实在；少一分任性，多一分随性！家人会容忍她的任性，但职场不会。所以，可以随性，但别任性。

回想起前面提到的失智老人，机上的空姐可以是谋杀乘客笑脸的恶魔，也可以是慈善的摆渡人。我们工作如此，生活也是如此。在大环境不佳时，无论企业或是员工，我们都应该同时选择惜福！在职场，你凭什么任性？你有什么样的资本，才可以获得上司与同事的纵容？前提条件应该是：你是一个真正的强者与仁者！不是强者的人一旦任性，说不定很快就会从位置上滚下来。

你是职场飞不动的鸟儿？

近来遇到不少从名校毕业，但工作却不得志的人。是就业市场差，还是自己能力太差？其实以上皆非，真正的问题在于他们都是一群飞不动的鸟儿。什么叫做飞不动的鸟儿？就是工作“移动性”太差的人。

4

我的朋友纪岚大学毕业后赴美留学，两年前硕士毕业的她与周围的人比起来，找工作可就顺利得多。说起纪岚的好运气，名校毕业并非主因，主要的还是因为她的职场性格具有市场优势，也就是国际大企业最喜欢的三栖性格。

“我希望成为一位快乐的三栖女人！”纪岚在今年的生日会上许下这样的心愿。她说希望有机会可以从美洲飞到亚洲出差，或从美洲飞到维也纳听上几场高水平的歌剧。纪岚就是这么一个随时能快速转换时空背景的人，前一刻看她才在旧金山出现，隔天可能又现身亚洲了。大家昵称她为“快乐的小鸟”。

三栖性格受市场瞩目

何谓三栖女人？所谓的三栖指的是一个人的移动机能强，她能够在不同的城市、环境下生活，完成她的住居、工作、休闲等等的生活机能。

一般而言，女性喜欢稳定，而这个名词在大众价值观念里非常正面，它代表着一种被肯定、被信任、被欣赏的质感。企业喜欢性格稳定的员工，尤其是管理阶层的职务通常青睐处事稳定成熟的员工来担任。但是如果稳定过了头，影响一个人的灵活度、移动能力以及接受变动的意愿，那么稳定反而成了事业的绊脚石。在职场中，稳定已经不再是压倒一切、帮你胜出的特质了！

先前提到的纪岚的工作和生活方式是在波士顿、芝加哥，以及旧金山，或最少三地之间移动，波士顿是她的窝，芝加哥是她上班的地点，旧金山是公司总部。她的工作简直就是穿越美国东西部，她一度还消遣自己的工作主要是为了累积飞行里程数。不过当她回忆当初去应征该职务时，一度担心这样的生活方式是否会把自己搞得太累？是否值得？结果在其他应征者都裹足不前时，她大胆接受了挑战。

一段时间下来，纪岚发现她的收获比付出还要多。因为游走于各地之间，与人接触洽谈的丰富经验让她变得成熟，连带的眼界和心胸也都开阔了不少。与这些额外的收获相比，她的游牧生活方式显得没有想象中辛苦了。而当她与昔日的同事再度相聚时，她发现她的朋友们都没真正见过世面，纪岚心里知道她的视野已经远远超越这些人，而这样的差距将来还会继续拉大。而她之所以自信心这么强的原因是，上周刚有两家国际型大企业极力说服她回亚洲打天下。

钱多、事少、离家近是许多女性的梦想。然而“不经一番寒彻骨，哪得梅花扑鼻香”，事业不经过淬炼，怎么可能年纪越大越吃香呢?

三栖带来的三大红利

三栖女人是职场女性的工作趋势，三栖女人代表女人真正的生活独立、经济独立、精神独立。三栖的经验带给女性三大额外的好处是：1.成熟的性格；2.多文化的熏陶；3.生涯的游走沉淀。她们对于自我的发展与周遭发生的事物都具有深度观察的能力与坚持理想的精神，这些特质都能让女人在未来的工作发展上掌握先机，做出成绩。

曾经有一位长者对我说：“年纪轻时离家远才是福，年纪大时离家远不是福。”这句话过去主要是放在男性身上，指男性最好在年少时选择出走他乡历练社会现实，才能有所成；年纪大时还要打拼，显然不是一种福气。个人认为这句话也同样可以放在女性身上，现代女性借由工作与生活之间不同环境的转移，可以更直接吸收到不同地域的文化精髓，让自己无论在生活上或工作上都能够走得更远、更稳、更精彩。

若女性遇到好的工作机遇，但模式必须是在不同地点之间移动时，建议女性不必立刻为了家庭问题而自动放弃。不妨尝试先将这份难得的工作机遇所带来的好处分析给家人或另一半听，请家人与你一同勾勒出未来的幸福蓝图，说不定经过沟通和分享，家人最终能够认同你的选择，陪同你成长，支持你加入三栖女人的新生活运动。

试着给自己开一扇窗

经济形势不好时，房价有低点，那么职场是否也有低潮呢？

5

职场空窗期人人躲不掉？

听到恶名昭彰的美国华尔街金融界居然在捅出金融海啸大祸之后，人气又快速回温了，短短几个月金融人才就又找到了工作，而且还是先预领了半年的薪资，一年之后再去报到上班。凡听到这个消息的人，无不惊呼："简直太没有公道了。"没办法，这是金融界一边等待景气复苏，一边又要留住人才的权宜之计。一堆华尔街金童无端白白享受了半年的假期，于是有人给自己开了扇空窗到沙滩晒太阳，有人又过起昔日派对狂欢奢华的日子。

或许大部分人没有华尔街金童的好运气，但是我们不妨想想"给自己开空窗"这个问题。人通常是遇到了大问题，或身体健康出了大问题，才会想要换个节奏过日子。不是吗？尤其是“职场开空窗”，一直被视为是负面的字眼，仿佛走投无路时才会有空窗。例如，对现在的工作不满意，没有其他选择的情况下，职场人选择了给自己放假不工作。正常情况下，空窗期指结束了上一份工作，正在寻找下一份工作的职场阶段。但当就业市场严峻时，职场开空窗的人突然变多了，这些被迫空窗的人私下说，短暂的空窗期可以让人休养生息一番，但如果空窗期太长了，压力反而大了。

开空窗前应有的心理准备

职场空窗期背负双重压力 对于忙惯了的人而言，突然放慢节奏反而让生活大乱，莫名的失落感淹没整个人。以前是人见人捧的罗宾即将迈入第6个月的空窗期，初期他还能出去打打球，但自从球友们不断关心他的前途时，他感到很不是滋味。他说：“空窗期和度假完全是两码事儿，空窗期等于宣布你在职场中被淡出了。”

另外一位朋友王云原本薪资比另一半高，负担家中主要支出，面对被迫空窗和股市惨赔，沉重的经济压力和精神压力压得她透不过气来。

怎么过空窗，也是门学问 接着我们试着从正面的角度来看看空窗期能为职场人带来什么？据调查，空窗期中有4成人选择什么事都不做彻底休息，放松心情调整状态。不过，换个角度看，空窗期也是实现梦想的最佳时刻，空窗期内去做自己想做的事，例如，学才艺圆梦，然后再去找新工作。主动离职的玉祯就是在刚辞职时就想好了，先好好休息一下，用3个月时间到西藏玩一趟，回来后重整心情，着手准备下一次的求职。玉祯觉得空窗期帮助她重新找到了价值观，在极好的状态下，找到一份合意工作的运气应该也不差，因为玉祯认为现在的她可是能量惊人。

讲到这，来聊聊亚洲知名女星翁倩玉的能量来源。虽然她早已离开影视圈，年近六十，但由她代言的化妆品、房产广告仍旧不断出现。广告商在众多艺人当中仍旧看上翁倩玉的原因，已经不全然因为她昔日的巨星身份，而是翁倩玉持之以恒在版画世界里创作，无形中让翁倩玉始终带着一股“能量美人”的氛围，能量可以产生一股吸引力与影响力，两者结合便成优质号召力，也就有了商人眼中的商业价值。让自己演艺生涯开空窗的翁倩玉，借由空窗期的静、学与恒心，产生了能量。能量是每个职场人的工具，也是用来对付职场沮丧、挫折的最佳利器。

有些人辞职前一定要先找到新工作　据了解，待业者必须要投近18封简历才能获得一次面试机会，这种等待面试、没有工作的日子充满了寂寞、无聊和空虚。如果你的个性或家庭状况熬不过没有工作的日子，那么建议在选择主动空窗之前，最好先找到新工作再说。注意！有人选择空窗期后大展身手，有人则是打算不再那么卖命工作。不论你是哪一种人，建议你在空窗期内，把心力分为七个部分，依重要排序如下：多吸收职场信息、调整身段、先求有再求好、尝试不同领域职缺、把握机会进修、不要太挑剔工作类型、加强家庭关系寻求家人支持。

务必计较空窗期的时间长短 空窗期的长短，也是职场沉浮的关键之一。如果你工作领域的产业变化速度非常快，那么你空窗时间过长，离开职场太久，对未来前途是较不利的。产业变化快，需求也快，一旦你无法实时加入一个新团队时，你可能就错过了一生最重要的生涯转折点。基本上，不论性别，职场空窗一年还不算影响太大，但如果超过两年，除非你是难得人才或自行创业，否则不仅当事人紧张，连家庭关系都跟着受影响。

到底职场空窗期该何时开始，何时结束呢？其实，没有标准答案。但职场人遇见困境时，先别放弃，当最合适的时间到来时，事情自然会有所成就。有些人总是无法平心静气，那么再长的空窗期也无法让他元气大增。反观，有些人每一分每一秒每一日即使身在职场，心中也都能自拥一片空窗。

没办法改变，就不要抱怨！

6

我曾经收到一封让我获益良多的电子邮件。邮件中讲了这样一个故事：一位企业的老总在大清早搭了一辆出租车，当时正值尖峰时间，全部大塞车，司机开始不耐烦地叹气。乘客为了化解尴尬的气氛，开始找司机聊天。

乘客问："最近生意好吗？"司机的脸垮了下来，"有什么好？一天开十几个小时，也赚不到钱，日子过得很没意思！"看来这不是个好话题，乘客赶紧换个话题说："您的车很大，很干净，坐着很舒服呢！"司机又没好气地回说："舒服个鬼！你一天在这里待十几个小时试试看！看你还舒不舒服？"司机接着开始大发牢骚抱怨这不好，那不好。

隔天，这位乘客在同一时间、同一地点，赶的是同一个任务，他坐上了另一辆出租车。一上车，司机的笑脸就转过来以悦耳的声音问道："请问您去哪里？"没过两分钟，车又像昨天一样，塞在车阵里了。司机握起方向盘，轻快地吹起口哨，看起来精神不错。乘客不由问道："看来你今天心情很好喔！"司机笑得露出了牙齿，"我每天都是这样的，心情都很好！"他接着说："没错，经济是不太景气，我有两个小孩，每天开12个小时的车是很辛苦，不过我有个秘密……"他侧过脸来说："我总是换个角度想问题，我把开出租车想成是别人花钱请我出来玩。比如说，您要去阳明山，我就当成是你帮我付油钱，让我出来兜风赏花啊！"

"五不上"堵住爱抱怨的嘴

抱怨是人的天性，是一种发泄情绪的方法。有人说，会吵的孩子有糖吃。于是有些职场人为了抱怨而抱怨，特别是遇到挫折或是困难的职场人，最常用抱怨的方式来发泄情绪。不过，职场生态复杂，绝不是简单哭闹就有糖吃的。

有一次我帮一家知名企业的主管上课，这群年约40岁的主管普遍都有一个困扰：为了帮公司注入新鲜血液，经常要晋用新人，虽然知道年轻人的创意和成长的动力无限，但是时下的年轻人却也多了一分计较和抱怨，甚至有些年轻人是处处抱怨。最常见的抱怨包括：薪资太低、主管管太多、同事不支持、1个人要做5个人的工作、客户要求太多、餐厅伙食太差等。这些抱怨也使得现在的年轻人一年常常换365个老板。

即使是这样，也是会有一些特例。现年35岁的小丁，给自己的座右铭是“30岁以前做到不抱怨”，如今的他，已经是外商银行的高层主管。

举这个例子是因为，小丁刚进公司时，因为个性好，不会说“不”，所以他成了办公室里工作量最大的一位。正因为不计较，让他的学习机会比别人多，尤其他累积了许多新兴金融商品的相关知识，使他日后晋升得比别人快。小丁说：“计较和抱怨也许能争来眼前的公平，但未来却失去更多机会。”小丁特别提醒还未找到职场定位的人，如果你仍属于“五不上”时期的人，那么最好把自己爱抱怨的嘴给堵上。而所谓的“五不上”是，专业谈不上、经验谈不上、升职谈不上、加薪谈不上、奖励谈不上。

化抱怨为职场助力的策略

别以为只有年轻人喜欢抱怨，还有一些倚老卖老的人会仗着资深而事事抱怨，这种人最惹老板讨厌，因为这最容易破坏职场伦理和员工的向心力，久而久之，也会成为公司里不受欢迎的人。

如果你开始有喜欢抱怨的现象，建议你准备好白纸和笔，将白纸划分为两部分，左边列出手边工作的所有缺点，右边列出优点。假设右边的列项比左边多，那么表示你眼下这份工作还是不错的，你该停止抱怨了。另外，希望大家切记以下这一点，即抱怨的最高指导原则是“对事不对人”，哪怕是老板的问题，当员工的人也要尽量回避直接抱怨老板。因为“对事”，证明你是个理性的人；而“对人”突显你只是为了发泄个人情绪。

我倒是觉得好友凯莉的策略值得参考。凯莉所在的公司目前正处萌芽阶段，算算她已经两年没有休过假，这点常惹得老公抱怨连连，甚至还跟她下了最后通牒。满肚子气的凯莉正想找主管表示不满，幸好上司外出没碰上。就在等待的这一小时内，凯莉冷静地想了一下，如果她带着情绪去抱怨，极可能把上司给惹火了，于是她拟定一个抱怨的策略。

先以赞美的话语作为开端　用此降低对方的敌意，因为情绪性的大发牢骚只会激起对方的敌意和自卫的反应。

就事论事陈述你的现况　因为情绪化的抱怨会使上司误以为你是对他本人的安排不满，万一上司度量不大，对你的印象会大打折扣，甚者有丢饭碗的危险。

抱怨时要看场合和打听上司的心情　直接进上司的办公室吐苦水，很容易让自己没有回旋的余地。因此，最好先跟上司亲近的人打听上司对事情的看法和安排是怎样，了解上司的底线后，再找一个抱怨的好时机，心平气和地与之讨论。

与此同时，凯莉也运用等待上司的这一个钟头，先和上司的秘书请教了一番，打听到了上司近期内有意进行人事调动。于是凯莉随后在面对上司时，也做了以下几件事情：1.先肯定了上司的领导；2.表示自己对部门内其他工作很感兴趣；3.透露工作量已经长期超出负荷；4.提出建议改善问题。

有了这样全盘的策略后，果不其然，上司答应凯莉重新调配她的工作内容，让她转任到感兴趣并能发挥所长的部门。

不断地抱怨会让人产生敷衍了事的心态，不利于职场发展。

快乐其实是一种习惯，培养自己容易快乐的能力，就能远离不健康的抱怨，追求到快乐。要想快乐，还要学会感恩、学会分享，不管外在的环境如何变化，你都能够保有快乐的心境。

适当的眼泪，也是**职场助力**

7

“我要再说一次，我没有和莱温斯基小姐发生过性关系，我没有对任何人说谎，绝对没有。”1998年1月，美国前总统克林顿向全美国老百姓撒了一个弥天大谎。后来纸包不住火，克林顿在床头对老婆松口坦承和莱温斯基真的发生了不正当关系。对此，希拉里在回忆录中自白：“我当时简直快崩溃了，我一面嚎啕大哭，一面质问他为何说谎，恨不得当时就掐死他。”

希拉里一向被视为强悍、没有女人味。正因为她深知自己的强势形象可能会阻碍她的政治道路，因此，希拉里愿意放下律师的强硬风格，承认她曾嚎啕大哭过一事，不禁让人怀疑早已对老公死了心的希拉里，只是想借由这一招“职场的眼泪”来软化形象和冲突，重新夺回政治资源。过去人们用“小脚一双，眼泪一缸”来形容女人的弱势形象，如今“职场的有效眼泪”可是能将劣势转为优势的，在战术上叫做“化反对为条件”！

善用“四柔”为自己加分

基本上，职场的眼泪都起于职场的冲突和资源的分配。希拉里刻意展现弱势，就是为了柔化政治派系的斗争，以及争取选民对她的支持率。这两点都是典型的职场冲突和资源分配。再来看以下几个例子，主人公都是职场的有效眼泪的最佳演员。

1 美国名媛希尔顿饭店集团千金帕丽斯酒醉驾车被判入狱45天，结果才关了5天就保外就医，不必再吃牢饭，引起美国舆论强烈不满。当法官再度把她押回监狱时，原本嚣张的帕丽斯被狗仔队拍到一路哭哭啼啼地狂奔回牢房。她的哭，作秀成分多一点。

看到这个案例，我有一些心得。基本上，帕丽斯必须哭，她哭得有道理！有市场！有商机！第一，她哭，让所有看不惯她的人暂时发泄了心中的不满，觉得公平正义未死。第二，她哭，让原本就支持她的粉丝更加为她疯狂。第三，她哭，让这场秀的演出充满戏剧高潮，创造周边商品的商机。第四，她哭，让她继续坐稳好莱坞第一话题女王的宝座，维持着超高身价。

2 某知名电视女主播在还没大红大紫前，也曾经在主管办公室上演过“哭”的戏码，结果稳住自己的一姐宝座。电视台晚间新闻是黄金时段，能在该时段露脸的人被视为是该公司的一姐或一哥，这样的身份攸关行情与地位，竞争之激烈可想而知。该名女主播一度传出在人事恶斗下将被换下一姐的宝座，在传言满天飞的情形下，随缘的人可能被动地随公司调动；但积极的人则想方设法化危机为转机。这名女主播当时就采取主动但弱势的泪水策略，在主管面前展开输、拖、和、赢的柔性谈判。

再来讲讲这四柔的缘故。输，就是先承认自己在某方面的工作表现上可能不尽如人意。拖，就是伺机阐述自己对工作的企图心和工作环境的看法，尤其要正面描述自己所受的委屈，避免负面攻击其他同事。和，就是让主管认同你的忠诚和贡献，不忍心将你当成牺牲品。赢，就是美国人常用的“原则式谈判法”，原则式谈判法特别适合风格上不够强硬或态度上凶悍不起来的人。原则式谈判法是运用客观的资料，逐条分析给对方听，之后再提出自己的要求。例如，这位女主播就是一面哭着述说自己的辛苦委屈、遭人排挤，一面拿着收视调查的资料，证明自己的收视并不差。值得注意的是，该名女主播在沟通过程中，一个字也未提有关更换主播的传言，而主管最终也没提，只是一再安慰女主播别想太多，好好专心工作，也就是双方谁都绝口不提更换主播这件事。这名女主播最终如愿坐稳一姐宝座，当然，她的专业毋庸置疑，但当时她祭出“职场有效眼泪”这一招，则有效摆脱其他竞争者的纠缠，大大扭转了自己的命运。

飙泪必胜绝招

传播学上指出，人们通常只想着如何表达自己的想法，却没有考虑对方是否接受你的论点，尤其是带着哭的情绪下所传达的信息，通常是毫无条理的，这在两性关系里可能还行得通，但放在无情的职场上则未必行得通。尽管人们比较容易同情弱者（这时女人的眼泪可能有用），但职场人还是要掌握飙泪时的必胜诀窍。

沟通时不妨试着表现出你的弱点　例如，该女主播不提换主播之传言一事，但对主管说：“讨论这个问题让我很担忧，但这对我很重要，我很想替公司做更多的贡献。”这样不但可以缓和气氛，也让对方愿意考虑以更多时间、更理性地思考这件事。

避免谈起某一特定话题就眼泪决堤、情绪崩溃　切记，某些心意已决的主管属于拒绝沟通型。当要进入较严肃的话题时，建议使用较婉转的话语开头。例如，“我非常需要您的意见，我可以跟您聊一聊吗？”

避免野蛮威胁型的沟通 某些老板属于主宰型的人，这类人特别要求尊敬和权威。即使你飙泪的功夫一流，主管也可能无法马上答应，必须给他一段缓冲时间，给他一个合理的台阶下，尽量避免让自己成为公司的一个特例。尤其，避免给主管一种你可能会得寸进尺、贪得无厌的印象。

就事论事，让目的更明确

何谓“职场的有效眼泪”？职场代表地位高低；眼泪代表着委屈，有效代表着目的。简单说，就是职场人通过眼泪来表达自我的情绪、立场和意见，当你展开这场飙泪秀时，就应该是带着想法的。若只是想单纯抒发情绪，那么只需自己一个人躲起来大哭一场即可，大可不必跑到主管面前丢脸。切记！主管最不喜欢听的就是吐苦水。

“职场的有效眼泪”需要几个条件：不要妄自菲薄，准备好足够的理由来支持自己的立场，同时动之以情，否则主管可能没有耐性听完。当我们想维持既有局面或争取更多资源时，必须想到如何让对方减少所付出的成本，这可能是公司的面子，可能是一个职位，可能是一笔预算花费等。尽量减少一方让步的成本，另一方则见好就收，绝对不要将便宜占尽，唯有在这种情形下，比较容易让“职场的有效眼泪”一再保证有票房。

把抱怨变成一种甘愿

前通用电气（GE）公司总裁杰克·韦尔奇（Jack Welch）曾说过："没有人喜欢在乌云底下工作。"杰克勉励每位员工每天应该带着正面的思考，拒绝负面的情绪，因为每个人都喜欢和乐观积极的人共事。

8

当我面对上班族们演讲时，时常会提醒大家，别总是想着如何找一份好工作，我们更应该想想如何工作好。所谓的工作好，就是在做事方面，将工作做得很完善；而在做人方面，则是成为办公室里一股正面向上的力量。根据统计，正面思考的特质，越来越受领导人在选才时的重视，凡是属于牢骚一族和抱怨一族的人，就算有再高的本事，充其量也只能停留在技术人才层面，而无法晋升高级管理阶层。

重视牢骚、抱怨背后的信息

基本上，牢骚人人都有，职场人每天都能接收到别人的牢骚，或是自己主动发出。对于牢骚和抱怨，一般人普遍认为它都是垃圾，说说或听听也就罢了，无需太过于重视。但我站在传播学立场的看法则是相反，无论牢骚或抱怨的目的是哪一种，或许有些人只是找一种借口，但某些人重复的牢骚就代表着工作或生活上真的出现了瓶颈。

以下例举职场最常见的三种牢骚，相信很多人都有一种似曾相识的感觉：

经常抱怨领导不公平的人 许多人都抱怨自己遇人不淑，主管偏心，但抱怨的背后的理由，是希望自己能够升职。

经常抱怨薪水太低的人 如果一个公司薪水太低，那么人才流动率一定很高。但如果事实是流动率并不高，那么“薪水太低”反映出来的是这个人的工作激情不再了。假设你正符合这样的情形，那么最好认真考虑自己是否应该转换跑道了。

经常抱怨被同事欺负的人 其实被别人利用并非是坏事，证明自己有被利用价值，反而是保持职场竞争力和处理人际关系的方式之一，职场人不妨放宽心胸，做事情不要太计较。

爱发牢骚是天生的习惯吗？

牢骚抱怨是一种自卫的信息，有些人成天就把牢骚挂在嘴上，接触这种只会倒情绪垃圾的同事，我们必须了解，他们只想引起旁人的注意和同情，然而牢骚太多也只会让人滋生反感。爱发牢骚的人通常有否定思考的习惯，他可能是天生的，也可能是后天的。这种人看事情喜欢看负面，注意力都在芝麻绿豆小的问题上，成天看别人不顺眼，拼命把情绪垃圾往别人身上倒，好像全天下的人都对不起他，牢骚越讲越多。小心！它会形成一种烙印，让自己越来越相信自己是受害者。

大多数的老板都讨厌员工在办公室发牢骚，老板认为牢骚只会打击士气，削弱组织的活力。要跳离牢骚一族，就必须学会正面思考，把焦点集中在寻找解决方案，而不是先找人吐苦水发牢骚。

发牢骚之前先想清楚几件事：

1 我说这些话有什么用？

2 发完牢骚能产生什么效果？

3 我到底是希望别人同情我，还是想要赶快找到解决办法？

4 情况真的那么糟吗？

5 我离自己设定的职场目标越来越远，还是越来越近呢？

6 真想发牢骚，必须远离办公室，跟你不同行的朋友、家人都是安全的对象吗？

有个案例你一定要知道。安迪，一个在高科技公司做了12年的员工，目前的职务是项目负责人，近来他遇到两个棘手的情况。

第一，一天他和老板一起打高尔夫球时，壮起胆子问老板："我有没有机会再往上爬？"老板边挥杆边说："你前面还有十几个人在等呢。"

第二，有一天，明明是其他同事的失误，结果老板却当众责备安迪。

试想，安迪如果选择天天抱怨，那么他在这家公司的前途可能就到顶了。不过，选择正面思考力量的他，用成绩和冲劲向老板证明他的能力，结果3年后他高升了。升职的那一天，老板告诉他当时把他当成代罪羔羊，只是一招“指桑骂槐”，希望能激起其他员工的干劲。

在发牢骚之前，不妨想想先做到：

1 辨别事情的缘由；

2 事情的动机；

3 事情是否合理？

如果我们能了解上司的动机，那么我们心里也就不会受伤了。

我们每个人都喜欢分享食物、分享爱心，而不是分享垃圾。有时垃圾是我们想象出来的，是成见所导致的。我们除了要避免倒垃圾给别人之外，也要避免成为被牺牲的垃圾筒，让任何人都可以把垃圾丢进去，因为要消化它也是件痛苦的事。但如果我们能调整认知，不把垃圾看做垃圾，有办法把它消化之后变成肥料，那么有朝一日也能开出美丽的花朵。

感到无聊是成功的一半

9

演讲时有年轻人问我："什么样的工作最辛苦？"我回答道："找不到工作最辛苦。"但也有一些人是因为工作无聊而感到生活没有目标，终日哀怨。其实我要反向思考说一句话："感到无聊往往是成功的一半！"

人的职场发展一旦僵化后，心里就有种想挣扎出去的感觉，因为你不知道什么时候生活的颜色会改变，不知什么时候才有新的天地，不知什么时候你的世界可以更大。改变就是当下最强烈的愿望，生活总是会在你感到黯淡时给你另一番天地，这就说明了当你感到无聊代表你不满足于现状，希望自己的职场生活有一天能发生变化。如果你的内心深处已经有了这样的呐喊，可别忽略它，因为它可能是成功的幼苗。

感到无聊是成功的开始

举例来说，莉萨进入社会的第一份工作可谓如鱼得水，她是位平面广告模特儿，相较起周遭朋友，莉萨光鲜亮丽的工作令人羡慕。不过两年后她开始感到无聊，因为老是等别人发通告给她才有案子接，工作很被动，自己毫无主动权。“那时，我心里一直有个声音在指引着我，我决定要改变，我要做自己的主人，而不只是一个被欣赏的模特儿。”她说。后来莉萨承包了一个服装店，做得还不错。

照她自己的话来说就是有颗贪玩的心，想尝试一下做别的活儿。不过莉萨在行动前把好的和不好的结果都考虑进去了，做了最坏的打算。结果她站稳了脚跟，也赚到了钱，让她欣喜不已。目前的她不满足于现况，觉得还能开辟出新的天地，于是她决定回家，但回家不是为了休息，而是为了做下一次的改变。

莉萨身上值得职场人学习的一点就是：要相信自己，挑战自己！相信自己还很年轻，还能做很多事。

再举另一个例子：当爱情降临在吉娜身上时，一切都改变了，因为先生希望她当个贤惠的全职太太。如果要女人在事业与家庭之间做抉择，答案通常是后者。全心料理家务停止了吉娜原本急促前行的脚步。不过，安逸的家庭生活却让她担心一个人长期困在家庭生活中，不去和外面接触会有种被忽略的感觉，甚至会怀疑自己，觉得自己成了废人，无法体现自己的价值，长期下来肯定很失落。

当吉娜开始感到无聊时，她下定决心不再与只喝下午茶聊八卦的朋友聚会，她开始瞒着丈夫去学习服装设计。现在的她又重新拥抱以前的朋友圈，能设计裁缝衣服的她非常受欢迎，融入各种关于美的聚会。尽管现在帮朋友做衣服只能收取友情价，但在这个舞台上，她能像舞者一般尽情地旋转、飞舞。吉娜快乐地说："现在我的心在哪里，我的舞台就在哪里。"

不论你的重心在家庭或是事业，都要有一颗想改变的心，你的心、你的梦才能随之顺风飞扬。

创造与众不同的特色

古语有云："穷则变，变则通。"我则认为："无聊则变，变则通。"还有句话说："人间正道是沧桑，乱云飞渡仍从容。明知前面有艰险，愈是艰险愈向前。"有些人感到工作无聊，老是抱怨公司不给新的机会，深究其因是不懂得"变"，不懂得创造自己与众不同的特质。

我认识一位能"72变"的Michael，他原本是一家小公司的助理，工作无聊促使他想改变，几次向老板提出调整工作不成之后，他索性再度回到校园进修，创造自己与众不同的特色。Michael摆脱无聊创造成功的几个步骤是：

1. 尝试改变现状。
2. 学习新知识、新技能。
3. 成为新的专才。
4. 结识新领域的新朋友。

就在进修的过程中，他掌握新政策的讯息，他选择了动画这个新行业重新出发，成为洞烛先机的现代管理者。现在Michael与一帮友人共同参与制作了几部具有中国特色的动画片，并且开发出相关的延伸商品，市场行情看俏。

你是有权利感到无聊的

一位刚退休、65岁的先生前几天说他怕自己将来太无聊，而且他自己是一位彻头彻尾喜欢游山玩水的人。所以他想去当导游，带着客户去游山玩水。他还想象了一下自己将来带的队伍就取名为“海阔天空玩想家”。

感到无聊是每一个人的权利，即使是65岁了，也别让自己的权利睡着了。每一位现代人必须意识到工作无聊这种事情偶尔会发生，必须接受它、改变它。清楚自己的长项，知道哪些是自己所需，并为自己的需要做出充分的准备。这种属于个人切身的需要，通常要靠自己摸索，需要自己的亲身体验，通过这样的过程，我们逐渐清晰自我的定位，进一步才能明白自己适合的行业、公司以及职位。

在这个观念时刻在更新、行业随时有调整的社会，一切都不是永恒的。而这对职场有憧憬的人来说正是很好的机会。正因为有变化，所以将会涌现出很多以前没有的行业。“可以慢，不可以站”，凡是值得你去争取的，宁可拉长时间做准备。但如果感到无聊，老是站在原地不动，那么理想终究是那天边遥不可及的月亮，一辈子够也够不着。所有事情不怕从零开始，重新出发，人生就这么一次，为何不做些自己想做的事，或没尝试过的事呢？

出类拔萃未必通吃

10

一家大公司表示他们招聘人才时，宁愿要70%能力的人，而不要100%能力的人时，你是否觉得很不可思议？事实上，大企业松下就是这样做的，理由是70%能力的人仍有努力的空间和欲望，松下认为，这比全找100%能力的人对企业发展还要有正面帮助。

人才市场反映"出类拔萃"未必吃香

某家外企人力资源负责人Anna和我喝下午茶闲聊时提到，她们公司最近一次招聘刚发出通知，短短时间内就收到了800多份求职简历，其中得过奖学金的人占了2/3。Anna说从没看过这么多出类拔萃的人抢极少数的工作机会。来了这么多优秀的人，公司自然高兴，但是招聘单位再怎么急功近利，也不能光靠漂亮的成绩来决定人才的招收。她说："我受够了出类拔萃的人的气，这些眼睛长在头顶上的人，一来不好伺候，二来自相残杀得厉害。"

担任某家民营公司总经理的立言，在学期间的成绩一直在普通与中上之间游走。他自称不是一位能力出类拔萃的人，但在竞争总经理一职时却意外击败另一位能力优秀被大家看好的同事。立言说他也觉得纳闷，后来董事长告诉他：“我看重的是你拥有出类拔萃的态度，表示你还有很大的进步空间。你的决心、毅力和执行力打动了我。”立言拥有什么样出类拔萃的态度呢？董事长长期观察他与人沟通时，经常说“我们”，而非“我”。至于另一位竞争者则是永远只会说“我”。

态度VS能力的出类拔萃

从“不错”到“出类拔萃”间的差距是什么呢？或许这差距并不大，但它却可以影响你一辈子的前途。职场上经常听到有人说怀才不遇这类的话，但是大家是否思考过，这些怀才不遇的人可能正是那些出类拔萃、自视甚高却又不屑与人合作的人。人们在公开场合可能会佩服这类能力杰出的人，但私底下却不见得愿意配合他们，出类拔萃的人在职场上不见得能通吃，反而甚至是被大家提前封杀的人。

“政通、人和”就是职场上一种出类拔萃的态度。企业大老板需要的人才是：

有雄心壮志的人　倘若出类拔萃的人不再设立目标，意味着不再成长。企业要的员工是有发展、能开创，尤其是能配合的人更受到企业欢迎，因为每一个项目的成功与否都与员工的配合度相关。基本上，成功的关键就在配合度上。

谦卑、信心的人　阻止成功的最大障碍就是骄傲。我见过许多出类拔萃的人在一边坐冷板凳；而一些有信心的凡夫俗子却在职场上龙腾虎跃。我想境遇的不同就在于是否谦卑与是否有信心。有句话说："自信的人，凡事都能。"

一流核心员工的时代来临

在竞争激烈的职场上，想要一辈子通吃未必容易，但是不败方程式倒是有，那就是努力成为被企业需要的"核心员工"。Link and Motivation公司的执行长分析出类拔萃的"核心员工"的特质与必备技能有20项：说话力、倾听力、传达力、时间规划力、态度、人际力、企划力、记忆力、提问力、提案力、规划力、逻辑力、营业力、假设力、发想力、集中力、整合力、动员力、人格力、钝感力。

以上这20项主要强调的是"掌握自我向上提升"的能力。大公司订定的这20项能力正显现出过去我们在诸多事情上都太过于迷信单一标准。

能力不能保证你一辈子通吃，唯有符合时代要求的态度才能保住你的饭碗。

人在职场，身不由己

是的，迟到、早退、跷班、离职等等这些有时看似单纯不过的事情，却经常需要一套说辞来搪塞同事和老板，原因只为了给自己台阶下，也给对方面子。例如，有7成以上的人离职是因为对上司不满，但辞职信又必须递给上司，结果辞职信千篇一律就是："感谢公司栽培，个人生涯另有规划。"如果日后同事抱怨你隐瞒真相，你也只好苦笑搪塞。这种"不戳破真相"、"善意的谎言"、"想尽千个理由说服自己"的处理态度正是许多职场人面对无奈时的抉择。还有一种人看不惯老板，却又得伺候老板，无非是一种与现实的妥协。

我有位友人佳熏性情极温和善良，但同业却给了她双面人的恶称。对此，我百思不解。有一次我陪佳熏接洽业务，整个过程中她都保持微笑态度谦逊。巧的是，佳熏的女老板居然也来了。此时，突见佳熏态度来了个180度的大转变，谈公事时声调与态度都显得高傲许多，一前一后的判若两人把我都给搞迷糊了。事后我才明白，原来佳熏的老板是位娇生惯养的大小姐，时常对佳熏耳提面命："要别人听你的话，先要把自己的姿态摆高。"不食人间烟火的大小姐老板不知道这样谈生意是行不通的。结果，佳熏只好当起双面人，人前人后各一副面具，老板面前就依照老板交代的方法去做事，但私底下瞒着老板对客户做些让步，否则生意根本没法谈。

违背良心有错吗？

找借口、撒小谎、戴假面具等几乎是职场人都会遇上的，或者说它就是人类天生就会用的一种手段、一种与生俱来的应变方法。有时，它不是一件坏事，它的确能处理掉一些麻烦事。其实违背良心所做的事有善意与恶意，也有必要与非必要。职场本就充满着虚虚实实的手段和计谋。

一般而言，职场上身不由己而要手段的原因不外乎两种：

强烈的自我保护主义 保护自己而做出或说出一些不利于他人的事情，可能是职场上最常见的，例如，争功诿过，特别是公司针对决策错误或执行不当而进行责任追究时，往往是该走的人没走，不该走的被牺牲掉了。

明显的威胁压力 争功其实就是争位子，未来企业多属集团性质，一个大老板下有许多专业经理人替他做企业。我某位属于总经理级的朋友一直希望能晋升为集团的副董事长，眼看大好机会来了，此时却听说大老板考虑的是别人。总经理立刻感到事情不妙，他深知如果错过这一波升迁，将来别人可能会以年龄为借口逼退他。于是，他昧着良心，将别人的创意和贡献归为己有，争功的结果是他如愿以偿地当上副董，但却失去了别人对他的尊重。

准备随时付出代价

找借口或耍手段之前，心里一定要清楚，谎言、借口、昧良心的手段带来的好处有可能是暂时的，就像有些特效药能快速使你药到病除，但其副作用也后患无穷。

职场人最好在话说出口或采取行动前先想想可能的后果。有些话无伤大雅，例如，有些人或许会为了争取同事或上司的好感而撒谎，这种谎言短期看不出伤害，但长期则影响公司良好的团队精神，关键在于你的信用已经完全破产。当老板决心要开除员工时，老板也可以无奈地说声："唉，人在职场，身不由己呀！"

无论如何，我们还是应该对身不由己抱着同情之心，因为心理学家曼恩认为这多半是压力造成的。他这样说："找借口、说谎者可能有难言之隐，可能做错事，可能想超越他人，可能环境太竞争，但是大多数都是为了给人一个好印象！情有可原。"

三部曲

摆脱小鬼难缠的

宿命

三
部
曲

享受权力

“我最大的敌人是自己。没办法，我是家中老大，一向都是别人听我的。”曼迪苦笑着说。身为公司副理，表现不差，但近两年升职总轮不到他，而且公司内部会议时，似乎没有同事愿意替他说话。我和曼迪聊天之后发现他是位超级敏感的人，只要旁人有不同的意见，他立刻觉得被冒犯而反击。他的部属一旦不按着他的意思做事，曼迪就立刻想控制场面，夺回主控权。有一次曼迪请病假，他的助理好心帮他处理事情，结果反挨了一顿骂。曼迪的无法放权，让自己长期处在压力下，而他的同事则认为曼迪不是一位值得替他卖命的上司。

工作满意度的最新指标——享受权力

1964年的工作满意度调查，显示金钱待遇是评量工作满意度排名第一也是唯一的指标；到了2001年时，身心灵满足、同事支持的重要性已经不亚于金钱薪俸，这显示内在需求越来越受职场人重视。未来职场人最重要的三种内在需求为：

权力需求（Need for Power） 权力需求是指使他人改变行为，顺从自己的需求。有工作企图的现代人重视权势的获得甚于工作内容。

成就需求（Need for Achievement） 职场人追求的是可以独自承担责任且可得到绩效回馈的工作，如此才可感受努力过后的成就感与满意度。

亲和需求（Need for Affiliation） 指追求友善，重视人际关系的需求，希望和别人有高度相互了解的关系。即使是下属也希望能了解主管的想法。

有趣的是，经过研究之后发现，不论你的下属位阶有多低，只要主管能在若干程度上满足其权力需求，下属的成就感就会增加，这一点微妙的变化显示出主管可以将放权视为笼络人心，让员工为你卖命的职场工具。工作满意度是一个主观性非常强的观念，每个公司都在讲求如何激发员工，管理学大师泰勒（Taylor）在1911年时主张激励员工是以金钱作为诱因。但物换星移，如今许多公司则更重视权力的需求，欣赏懂得放权的人才，借此培育出优秀的领导干部。职场人想在主管的路上更上一层楼，就必须赶上这个职场潮流。

不放权，是利己，还是利人？

涉及职场权力的范围非常广，有些是正式的权力关系，例如，工作时间、工作方法、工作流程、职场权限等方面的规范，以及因工作而发生的各种人际关系，例如，主管、下属、同事、客户等。而有些则是非正式的权力关系，例如，性别权力、专业权力、资源权力等。不论是哪一类权力范围，都攸关着你与同事、下属的关系互动。比如：跳槽的X先生，是某上市IT公司的员工，对年轻人来说这是梦寐以求的工作。但他跳槽了，他说：“我都快30岁了，再不追梦，就没机会了。之前的主管事事都要管，再做下去，我学不到东西。为了改变现状，跳槽是唯一的方法。新公司虽然压力大，但主管放权让我摸索，我能渐渐发掘自己的潜力。”

另外，转行的Y女士是名专业公关，公关业有句俗话说：“把女的当男用，把男的当狗用。”公关业是个巨细靡遗的行业，Y凭着对公关的热爱，每天累得半死却不喊累，不过，最后她的热情却被老板的管理方式给浇熄了。Y的老板觉得自己一天没进公司，肯定世界末日了。公关工作必须非常重视小细节，Y的老板总是不信任员工，总是半夜还去电嘱咐同事，长久下来，其他员工养成了依赖性，导致团队目标达成不一致，严重延误进度。Y紧急善后了几次之后，热情终于消磨殆尽，她决定转行，公关界也因此少了一位好手。当然，这位公关公司老板也总是留不住优秀的员工。

偶尔犯错是被允许的

对自身要求完美，要放权给下属总是感到不放心，担心大权旁落，怎样克服自己陷入放权的恐惧呢？这里做一个小实验，帮助你了解自己。根据脑袋里一秒钟内所闪过的上班第一天所携带的东西，测出你的权力欲望和工作性向。

上班第一天带什么？

1 面纸、手帕、粉盒

2 体面漂亮大方的公文包

3 笔记本电脑等IT相关配备

4 家人朋友的照片

选择1的人 你对事业毫无野心；

选择2的人 个人主义与主导性强；

选择3的人 有旺盛事业心；

选择4的人 懂人情世故、擅长扮演和事老。

职场人在确定好自己的能力、发展的生涯之后，试着在职场上找出一个你认为成功的典型来。看看这个典型的个性有哪些特质，通过了解及分析，寻出蛛丝马迹来作为自己的参考，以便寻找出一个更适合自己的职场位置来。职场专家们认为能够成为职场典型的人，身上所具有的其中一项特质就是自信。

有些人特别排斥涉及权力和管理的工作，觉得这些工作都很烦人，自己肯定做不好。其实，职场人对于权力应该感到有信心才对。因为有些职场人不分性别都或多或少具有天生的母性特质。我认为管理工作者应该要像母亲一样，要学会包容孩子犯错，给予他们成长的空间。千万别像有些母亲对孩子、老公老想控制，老是不放心，认为把权力抓在手上才是真正的管理者。

解析并克服放权的恐惧

我们在职场上看过不少大老板本身缺乏傲人的学历、经历，但懂得延揽优秀人才，并且善于放权收权，而创造了大事业。企业要放权真的不容易，放权就像放风筝，要舍得放，敢于放，收放自如。但企业放权却远不是那么轻松，原因有两个：

不敢放权　这里的关键是人。首先必须确认下属是位有能力、不滥用资源的人，而后再度确认信任问题，而信任需要时间的累积。

不知道如何放权　这里的关键是制度。权力可以是虚空的，也可以是被量化的。下属被授权后就意味着他担负着决策的风险，有的下属觉得既然有风险，态度就转趋被动保守。

因此，身为主管者必须力行“权力与责任是匹配的”态度，做到以下几点：

1　放权时不能没有原则，授权时不能只订定责任或目标，而不给予明确的权力和资源。

2 最好将之制度化下来，化为公司激励员工制度的一部分。一旦成为制度，便可避免主管偏爱某员工的无聊耳语，并且可以监督员工。

3 利用逐步授权，例如，某员工争取更高费用（例如：3万元交际费）的授权使用时，应了解实际情况之后，再逐步增加其费用。

4 最终要维持主管老板的权威性，有些经授权的员工可能发生恃才傲物、挑衅权威的情形。唯有严格执行公司内部的制度，保留追究责任的可能，才能维护主管的权威性。

身为一位高层主管者，根本无法事事亲力亲为，职场大小事、家务事，事事都要管，简直是蜡烛两头烧。试想，母亲过度的掌权将让孩子产生逆反心态；主管的不放权，也将阻碍下属为你卖命。专业经理人要避免什么事都要管却又什么都管不好的唯一法宝，就是懂得授权和定期监督，要学习接受“放了权后又担心下属滥权或无法胜任”的可能性，要训练自己只看计划、盯总结，适度监控即可。就像家长教育孩子一般，不能是单纯的权力下放，还必须伴随相应的奖惩办法，以人性化的授权和理性化的监督双管齐下，才能教育出好孩子，而不是野孩子；才能培育出一匹黑马，而不是脱缰的野马。

友善可能是某些人的**假面具**

2

让我们先来聊聊两个案例。

第一个案例发生在个性温和的小文身上，她是职场上那种弱势型的人，从来也不曾把自己的生涯规划和需要厉害一点的业务工作联想在一起，可是说也奇怪，每次应征工作时，老板老是劝她试试业务的工作。小文心想，难道他们都找不到那种厉害的角色，所以只好叫我这个可怜虫来当先锋吗?

终于有一天，她把自己的疑问告诉老板："到底是不是自己露馅，为什么你们都误以为我很厉害，要我当业务呢？"老板笑了笑，说了一番小文至今都忘不了的话："那些看起来很厉害的业务，客户一见就起了戒心，不容易被相信。理论上，厉害的人跑业务比较容易进入状态，可是要取得客户的信任却要花上较长的时间。"原来，老板看上小文，是因为她看起来“不厉害”！就像一些看似学生的年轻人手拿着产品上门兜售时，均称自己是学生出来打工，清纯的模样轻易就能博取大众的信任。

另一则案例也相当典型，发生在担纲企划工作的信成身上。那天，经理请病假，信成被老板临时指派去跟顾客做提案。客户看完提案后，仍然有所疑虑而迟迟不点头。此时信成一眼瞄见客户桌上放了一张狗的照片，信成立刻向那位客户透露自己也养了一条狗。爱狗成痴的客户马上把信成视为同好，开始滔滔不绝说起自己如何服侍狗儿子，狗儿子又是如何如何有灵性、善解人意等。两个大男人大谈宠物经，浑然忘却在场的其他同事。但这种轻松的气氛也让双方的立场、层级隔阂消除，最后达成合作。

信成的老板显然已经注意到眼前这位年轻人深谙人情世故，不仅做得漂亮也说得漂亮，是个值得重用的人才。就现代职场而言，“做得漂亮，也要说得漂亮”是件不容轻忽的事。搞好气氛是所有沟通、协调、讨论、谈判的首要前提。简言之，个人能否发挥影响力，与人际技巧存在着绝对的关系。我们可以这么说，气氛搞好，做什么事都得心应手。

职场上处处充满高度的敏感性，职场人天天必须面对“当面锣、对面鼓”的考验，随时可能引爆争议和冲突，聪明人靠的就是软化紧张、对峙氛围的本事，它的特色就在当下性、立即性、一次性和临场感。现在早不是埋头苦干大过天的时代了，做出业绩来，还要说给老板和客户听，这样才能在职场上更上一层楼。可以说，一切都是为了宣传，一切都是“营销”的手法。职场资源有限，聪明人懂得言语艺术包装成果，先占先赢。

切记！勿弄巧成拙

会不会说漂亮的话，在工作表现与人际关系上只是个助力，而非绝对的关键，否则斯蒂芬·霍金（Stephen William Hawking）又怎能在历史上留名呢？史蒂芬是发现宇宙爆炸论的天才，他除了专业上的成就之外，其身残但不向命运低头的精神更令世人尊敬。以这位轮椅上的巨人斯蒂芬的精神为例，口才不好并非世界末日，口拙的人若能集中焦点在某一个重点、某一个优点上，有时甚至能强过舌灿莲花的人。保持真我、对事不对人、不傲慢凌人才是最重要的人际原则。为了得到老板的认同而刻意讨好，只会使自己活得很累，并不会使自己的人际关系更好。

通常老板也会小心处理太会说话、太厉害的角色，因为厉害是双刃剑，用来对付客户或合作厂商固然无往不利，可是如果这个人的厉害误用在弄虚作假、投机取巧，那么厉害的人所造成的危害和损失也是最大的。

能不能不说秘密

3

所谓秘密，就是不可告人或不愿公之于众的隐情，但在职场上，有时基于对同事的信任，将自己的私密全盘托出；有时唯恐天下不乱，将别人的秘密泄露出去。秘密的分享，的确可以快速形成一个利益共同体，但这种看似推心置腹的感情大部分都是办公室友谊的假象。现代人说世道炎凉，不必太把办公室里的事情当真，于是揭人秘密被戏称为办公室里最有益身心的运动之一。

据调查，76%的女性坦承在职场上曾受到过不同程度的性骚扰，但背后说人秘密导致同事交情破裂则高达95%。可见职场秘密也是人们对职场满意度的条件之一。那么能不能不说秘密呢?

有些人天生不爱在背后道人长短，甚至看不起成天八卦的人，但有时不得不为了打击共同敌人而采取揭人秘密的手段。重点是，在你达成目的之后，你与其他同事的友谊是否跟着完蛋？基本上，由分享秘密衍生而来的革命感情，并不坚实，因为它就发生在同事的身边，直接影响同事权益，这远比明星八卦要来得劲爆，有渲染力，所以很容易在办公室内街谈巷议飞短流长，一旦散播开来，你的职场品德也跟着被人踩在脚底下。

上班族每天见面时间最长的就属同事了，“讲错话，说溜了嘴”常常带来不必要的麻烦。我们成天嘴巴里说出实话、谎话、好话、坏话，那么秘密属于哪一种呢？是善意的批评，还是恶意的攻讦？是真心的赞美，还是别有居心？

有许多爱说话、包打听秘密的人脸上都戴了张面具，让人感到他很有趣、很友善，但是切记！这类人只有不到1%能够严守秘密。面对这类人，你的个人隐私，例如，不伦恋等发生时千万不要被他们表面的友善给蒙骗，否则当你的隐私天下皆知时，将直接影响老板同事对你产生私德不检的负面印象。

哪些秘密不能说

薪水不能说 不少企业尤其是外企对职员采用秘薪制，试图探询同事的薪资被视为一种品德上的污点。此外，台面下的额外秘密工资也是不可碰的灰色地带。因为眼红嫉妒公布了别人的薪资，有85%的人会因此友情破裂。我们把公开别人的工资称为“晒工资”，意味着将别人的薪资摊在阳光底下，变成人人皆知。当然，晒别人工资的人也会惹得天怒人怨。

风流韵事不能说 尤其是老板的感情生活。

举一个例子，在外企工作的方美好巧与老板租房在同一个小区，某晚方美在小区散步时远远地看到老板正在遛狗，但老板怎么遛呀遛地走进了别人住所，方美注意到这样的事情已经发生了好几次。好奇的方美发现原来老板把女朋友和老婆安排在同一个小区，方便随时探望。有如发现新大陆的方美心情既忐忑紧张又夹杂着些许的兴奋，但随即感到难过，因为她与老板的太太熟识。此时的方美万一管不住自己的嘴巴，怎么办呢？

于私，方美觉得应该提醒老板娘，但站在不介入他人婚姻的立场上，她决定暂时保守秘密。于公，方美决定再给自己半年时间观察公司发展再决定去留，因为这类风流老板将最宝贵的时间耗费在感情纠纷上，肯定无法专心领导企业。

秘密人事升迁不能说　有些人为了抢走别人的功劳，而提早泄漏人事升迁，导致私下竞争的同事心生敌意，跑到老板面前哭诉，打乱老板人事布局的麻烦事。

例如，天蓝是某公司经理，老板为了一项秘密的人事升迁问题已经琢磨了良久，打算月底公布。天蓝无意间得知下属丽丽可能被老板升迁为副理一职，天蓝知道后立即私下对丽丽透露这项秘密，让丽丽误以为天蓝正是提携她的恩人。喜形于色的丽丽忍不住对另一名资深的同事说了这档事，结果这一名资深的同事直接找老板理论，扬言离职，抱怨批评老板不重视资深员工。可想而知，散播消息来源的天蓝被老板痛斥一番，不仅来年加薪免谈，也被老板杯酒释兵权。

但有些秘密不得不择时、择地先对办公室死党透露一些，否则落得“你到底算不算朋友”的质疑。这类人性考验有：

1　帅哥美女当前：同一办公室里两个死党喜欢上同一个对象时，那简直糟透了，长久瞒骗可能导致同事情谊决裂。建议在爱情基础稍稳固时，就应找适当时机、适当地点，以适当态度对亲密的同事说明，何谓适当态度，也就是千万别流露出胜利的姿态。

2 独自升职者或公司安排出国进修者：如果你比亲密同事先升职或被栽培出国进修，除非另一人完全不在乎职场前途，否则私下比较竞争的微妙情结将使友谊受到考验甚至变调。如果你的同事是位情绪型的人，而你又非常在意他人的感受，那么请以体谅对方心情的姿态，说出自己职务上的变动，并表示非常重视对方的祝福和协助。

每个职场都有唯恐天下不乱的人，或者说是污染源。私下泄漏别人的秘密，肯定后患无穷，轻则影响他人的工作情绪，重则终结别人的生涯。聪明的你，要懂得善待周围的同事，管住自己的嘴巴，才能在职场中明哲保身。切记，谨守公私领域的界线，办公室不是互诉心事的场所，除非你对公司业绩的贡献很大，否则你随时有走路的可能。

如何对付**难以掌握的员工**

一天和几位职场老友们聊天，大家正说到“男怕入错行，女怕嫁错郎”时，突然一位在民营企业当总经理的朋友笑说应该是“我怕招错人”。在企业中，一般人很怕跟错上司，否则职场前途黯淡无光，但是我这位朋友这番话倒也让我想到一旦招到不对的人与招到难管理的下属，将在若干程度上影响你的职场表现，带给你徒然耗费青春之憾。根据调查，主管最讨厌五种类型的员工：第一，情绪起伏不定型；第二，表里不一型；第三，不尊重主管型；第四，一天到晚私下对媒体放话型；第五，难管理型。现在则有人提出主管如果招来一名难管理的员工，也不用担心，招了一个专业所长与个人特质不对的人将不利于工作达标率，大不了把他辞掉，再招一个就行。但辞掉一个难管的员工，有时可能是种损失，为什么呢？因为有些对公司有贡献的人（例如，创意工作者）往往正是难管的员工。

四招上手，恩威并济

难管的员工，最需要什么样的主管呢？排名第一的是能指引员工方向的精神导师型主管，第二名的是愿给下属发挥的完全授权型主管，第三名是愿意传授人的学识渊博型主管。一旦难管的员工遇到有以上特质的主管，基本上主管都能赢得下属的支持与向心力。某些主管是以对付、折磨、不理不睬这三种态度来马虎应对下属，但这样做根本无济于事，还可能引发职场灾难，身为主管者最好静心思考一下，你希望成为下属害怕畏惧的主管，还是成为下属心甘情愿为你做牛做马的主管？

面对难管员工，需要采取恩威并济之计，建议主管将难管员工当成自己的家人甚至是孩子一般，天天关心他的表现，就像我们关心孩子在校的表现一样。请你为难管理的员工做一个以周为单位的观察表，评估记录每周的表现与改变，半年后做一个总检视。而平日则多多以关怀但要求的口吻，反复问他以下四个问题，并跟其展开对话：

1. “你觉得这样做，对吗？”——为了给压力
2. “我看不到你做事的重点。”——为了给指导
3. “我限时就要进度。”——为了给要求
4. “我让你尝试错误。”——为了彰显信任

成为一个有互动的主管

基本上，每位身为主管的人都是属于“心事谁人知”型的人，平日巨大的工作压力根本无法发泄，再大的压力也只能自己先扛着，下属未必能感受。久而久之，主管心里会产生一种对工作漠然的厌倦感，这种心态会蔓延到全公司，包括难管员工在内的许多同事都开始会与主管产生一种距离感，导致沟通工作产生障碍。

例如：李大姐是一位人人口中万事都难不倒型的主管，倒不是说她有多高的技术与学历，而是她对待每位下属都非

常用心，尤其付出加倍的关心给难管的员工。基本上，她的心态是把难管的员工当成宝。她说：“许多难管的员工都极具天分、特色，只要你懂得关心，懂得知人善用，通常能够得到非常多的回报，而且对其他同事也可产生一种激励的作用。”有一次李大姐要下属写一个方案，结果唯有公司内这名难管的员工自行“鸡婆地”用了包括经营者、合作方、投资方、消费者等各种角度各种创意写了一份非常突出的案子。这名难管的员工詹姆斯，由于不太合群，本来是公司内另一个单位要Fire的人，被李大姐给捞了过来。由于李大姐平日就是以关怀但要求的方式与他互动，让詹姆斯感觉到李大姐是一个能够包容他尝试错误的人，进一步激发了他的热情。而李大姐也是位极为重视实时说爱、实时说好的人，她在看过詹姆斯的方案后，立即用内线电话对他说：“詹姆斯，这份方案非常好。谢谢，加油！”

李大姐说面对难管的员工，一定要加强互动，不可以放任不管，等到他们犯错违规时再去惩罚他们只会让事情更糟。

赞美、肯定、诱导，是面对难管员工的有效药之一，因为要改变一个人的方法之一，就是让这个人自己开始去正面思考他自己是个什么样的人。

李大姐的顶头老板这些年来看到了李大姐用教育孩子的概念来带人，有效管理激励一些难管的员工，于是李大姐在公司内的升迁之路顺畅无比毫无悬念。换个角度想，公司里招来一个难管的员工，不见得会让你半夜惊醒，而难管也并非全是坏事。职场需要性格合群的员工，也需要独立性格的人。

研究职场现象的人将难管的职场人视为独立性格，分为几种类型：

生活散漫型 这类员工需要用激将法激发其斗志。

沉默寡言型 主管不妨给予新的任务，只要员工遇到感兴趣的事，关键时候会令人惊喜。

性格古怪型 天气都阴晴难定，只要员工能做到对工作负责，主管无须对性格古怪者有过分的要求。

高傲轻狂型 这类人可能自小被人捧上天，合群性欠佳，听不进其他人的建议，如果要让他们服从，需要直接拿出事实，他们可能是爆发力最强的类型。

难管的员工在公司其他主管眼中是个怪人，不太好管理，但是在李大姐眼中却成了一颗会发光的宝石。但是，如果这位难管的员工属于搬弄是非、阴毒恶劣、自私自利的人，那么就得要慎重处理，一旦员工触犯了公司利益，则无须手下留情。

安置难管员工的误区与心态

有些企业常有一个误区，喜欢把难管理的人员外放，远离公司高层核心，认为这样就可以相安无事。其实，外放人员更不应该是一个难管的员工，因为他无形中是公司政策、公司管理及公司文化的实践者。外放者更应考虑候选人除专业之外的人格、能力、责任、动机与观念。许多难管的人被外放时都属被迫，在这种被排挤的情形下，他们对母公司的认同度自然低，向心力差，绝不可能主动伸出对外的触角为公司创造机会，而且外放也不符合其生涯规划。在种种不佳条件下，难管的员工一旦外放了，有一天反而成了砸自己脚的石头。

管理者拥有较佳的资源和地位，所以当招进一个难管员工时，一定要取其才，考虑员工的适任 VS 胜任；能力 VS 意愿；问题解决 VS 应变反应，来适当运用员工的才干，让员工对工作改变的适应度能够逐渐增高。因此，并非每一位管理者都适合招收有才华但难管的员工。管理者必须具有世界观，视野够宽广，业务知识够丰富；能以包容正向的角度，来看待“异文化”的他人；能以调整的心态，把带领员工当成挑战；能重视员工的工作表现，也帮助其规划生涯！也就是帮助难管理员工做到有计划、有能力，以及更加了解自己。

如何看待10%的坏员工

5

现代管理学者曾说："再好的企业都有那10%的坏员工。"坏员工的定义是什么呢？坏员工指的是那些EQ低、经常不完成工作、人际关系差、习惯扯别人后腿的员工。就像我们读书时，班上总有那么几个捣蛋的同学一样，他们一旦闯祸，老是让全班同学跟着一起受罚。这些大错不犯，小错不断的人真是让人头疼。更需要担心的是，这10%的员工会逐渐影响另外90%的好员工对工作心存质疑，甚至心灰意冷。某管理学者形容10%坏员工就好比一粒老鼠屎坏了一锅粥，破坏了一个好团队。相反，一两个好员工却无法"反破坏"。因此，有人建议如果不将那10%坏员工Fire掉，就最好将他们安排独立工作的形态，以免让这些人坏了大事。

揪出那10%的坏员工

坏员工是否让人一眼就看清？其实，有些坏员工的破坏力并非显性，而是隐性。换句话说，他们不会主动做出伤害公务的事情，但是他们在工作上的消极配合，长期下来就会对公司造成不小的伤害。就好像，杀人犯固然可恶，但冷眼袖手旁观的人也不值得原谅。据调查，对公司事务抱持冷眼旁观态度的人有越来越多的趋势，因此我们不得不重视10%坏员工普遍存在于企业的情形。更令人关心的是，这10%的坏员工并非都是职场菜鸟，反而是具有职场5年以上经验的人更容易有这样的毛病。身为职场老鸟的你，是否也走向10%坏员工之列而不自知呢?

诊断10%坏员工的共通病

基本上，员工一经录取便表示其资格符合公司要求。导致部分人士成为坏员工的原因，通常都是在沟通上出了问题。可能是加薪不成、升职无望、福利争取失败等等理由，也可能因为当时的沟通不良而造成日后对公司心存埋怨，成为破坏公司成长的坏员工。据统计，70%的管理问题都是因为没有进行有效的沟通造成的。有位名将说过："没有不好的士兵，只有不会带兵的军官。"职场上则是："没有不好的员工，只有不会管理的主管。"

那么，该如何辨别一名"坏员工"呢?

1 对公司事务漠不关心的人。

2 假装不关心的人。

3 老是持反对意见却又提不出建议的人。

4 自我意识消极的人。

5 身为主管太强势。

6 身为属下太贪婪。

以上这6种是最典型的坏员工的行为。主管或同事在面对第一种人时要试着施以激励的方法，并检讨公司的制度是否存在有失公平之处。第二种人要尝试私底下与他沟通，找出问题所在。第三种人要以退为进与他沟通，让对方说出自己的看法和步骤，在问答的过程中，对方将会意识到自己的方法不可行，而学着接受公司的指令。面对第四种人则要换一个角度、身份和他沟通，让他在你身上找到同质感，而逐步融入团体中。至于第五种人，则容易造成“主管累得半死，属下闲得发慌”的情形，遇到这类强势主管，属下必须意识到换主管不如自己换单位来得实际。面对第六种人，公司必须重申制度的一致性。

从“破窗理论”来看职场

你听过以下的实验吗？一位心理学家曾找来两辆一模一样的汽车，其中的一辆锁好并停在一个中产阶级的小区；另一辆则是将车牌拿掉、车窗打开停在较杂乱的街上。几天后，前者依然无恙，而后者则是在第一天就被人破坏偷走了。

这个理论主张，一旦窗户破了又不及时维修的话，旁人就会被引诱破坏它。窗户就好比我们的企业文化、企业氛围，许多人对于企业氛围被破坏不太在意，但是现实告诉我们，任何一个员工的问题都可能是企业的破窗。

想要好员工，那就要投资建立一个好员工的环境，一个称职的主管就得管人也管好环境。假设你正迟疑于该不该换另一家公司，那你可试着察看自己公司是否已经有破窗的情形发生，以及那10%的坏员工是否正在破坏公司的成长，倘若如此，那么你可能真该跳槽了。

向下属学习反而获得更多

我要提醒大家，只拥有专业优势的人，并不能保证能在当今职场上走得长久。唯有懂得职场成长的人才较能高枕无忧。关于职场成长一直存在着误区，说穿了人类就是向上看一族，从小就被教导向上看向老师学习；到了职场也都是向上看向老板学习。但是最近几年有些职场培训专家开始鼓吹向下看运动，也就是向下属学习。毕竟，上司的经验和视野值得学习，但年轻下属的不按常理出牌、怪念头和冲劲，有时反而能有效解决问题，颠覆了“资深永远是对的”老派思想。

下属多是右脑做事，或左脑做事？

国外有项针对办公室做事方法的调查显示，上司大多偏向左脑做事，而下属多为右脑做事型。换言之，上司喜欢逻辑性的做事风格，而下属则是自由派作风。是不是擅长逻辑性思维的人就比较容易成为上司，这一点倒是值得再研究。不过，职场人的做事风格基本上都是在进入职场后养成的，事实也证明，办公室硬邦邦的条文规定真的能将一个自由派的职场菜鸟变成凡事讲求逻辑的僵化派。过去，培训的人老热衷安排主管们上些领导力的课程，但事后发现主管们缺乏的并非领导力、说服力，主管们最缺的是四件事：

1 不了解年轻人；

2 不擅长与年轻人沟通；

3 不懂得欣赏下属；

4 不愿意向下属学习。

上司总喜欢以自己过去的职场经验来处理事情，上司常把“想当年……”这句话挂在嘴边，在新科技与新消费的挑战下，上司渐渐有江郎才尽之憾。

有些下属便私下偷偷将这些令人反感的烂主管冠上“猪头上司”的称号，他们眼中的“猪头上司”具有以下两种毛病：

1 表里不一：漠视公司下属的声音，不沟通一意孤行；担心下属能力超越自己。

2 凸显自己有多么重要：自以为是、狂妄自大，不懂得谦虚。

职场活力回春：向下属学习

近来人力资源专家极力鼓吹“上司向下属学习”，因为这个被视为职场活力回春的方法，不仅可以活化猪头上司的思想观念与做事方法，通过它来进一步了解下属（包括年轻的下属与年纪比你大的下属），这个方法被认为是促进职场纵向与横向沟通的酵素。更重要的是上司通过下属找到问题的解决方案。有人说上司能向下属学习到的三件事，分别是：something new、something different、something bad。而这三件事有时还真能让上司的屁股离开本位主义。

有家饭店的总经理总是抱怨员工缺乏工作热情导致饭店频频被客人投诉，但他最近烦恼少了，据说他就是向下属学习了一套新的招聘方法，找到了真正热衷饭店工作的人。总经理过去招聘柜台领班时，一向是面试通过后再放到现场工作。但某天饭店一名吧台调酒师听到总经理的酒后心声后，告诉他何不把面试过程反向操作？年轻的调酒师说："如果我是负责招聘的人，我在找柜台领班时，我不会先看求职者的学历，而是先向求职者介绍工作方式与同事，接着就是在柜台周围对经过的客人微笑与作简单介绍，接着我会故意借机离开一会儿，让求职者自己独自感受一下工作的情境，让他自己跟附近来来往往的客人打招呼，让他自己感受每一位客人都是钞票，让他体会如何跟钞票微笑，同时让他知道这种上班都要笑的工作必须每天不断重复。"

美国一家电信厂商的老板分享了一则真实的故事，他说，某一天他和家人共进晚餐提到工作时，他不禁大骂现在的员工好笨。当他的太太也点头跟着数落时，他那读小学五年级的女儿突然插话跟他说："爸爸，我有时也很笨，可是你都鼓励我要多加油，还叫我干脆以后学画画。爸爸，这次我美术比赛入选，要谢谢爸爸耶。所以爸爸，你的员工很笨，你也可以叫他们多加油啊！"

宝贝女儿的一席话让电信老板惊觉自己的管理风格需要改变了。隔天，他进办公室找来原本让他很不满意的经理，对经理说："我知道我们的薪水不一定能让你满意，但是我保证能让你身上的每个细胞得到发挥。往后公司会给你很大的发挥空间，即使初期业绩会出现负成长，我也愿意支持你。”电信老板向女儿学习当个鼓励他人、发掘他人的有心人，敏锐地发现员工身上潜在的优势，日后也证明这招的确奏效，员工绩效显著改善。

说穿了，无论是向下属学习或向孩子学习，这都属于一种优势分析和劣势分析，尤其是针对自己职场发展的性格弱点寻找出克服的办法。为人上司者，一定要懂得向下属学习，因为每个人的潜质都是无穷的，上司必须学会善于发现。至于下属让你有任何看不顺眼之处，你也尽可能像包容孩子一般，毕竟人要有一点缺点才可爱啊！

资深职业人的**跳槽艺术**

7

畅销书作家威廉·布里吉斯曾说过这样一句话："不久的将来，世界上有一半人，每天要工作12个小时，另一半的人会失业。"在美国，即使是高薪、脑力密集的精英分子在金融海啸时都面临失业威胁，连律师的工作都改为外包给海外，例如，杜邦公司舍美国自家律师而雇用印度的律师团队。一家调查公司总结，2008年美国境内就消失了近2万个工作岗位，这就是全球化的冲击。而亚洲在知识财富越来越昂贵的趋势下，也有可能走向这条路。

世界分工的方式改变了，下一刻你的工作可能就不见了。上班族该如何应对？尤其一些资深职场人，应特别注意自己是不是落在所谓的危险族群内。基本上，越是标准化、流程化、数字化、有国际共通的专业语言、本地特色不强烈的知识型工作，越有可能成为企业为求降低成本、委外作业时被牺牲的对象。因此，当你背后被同事戏称"老贼"，而自己又在内部高升无望时，所谓"高处不胜寒"，小心！你可能要积极考虑"资深跳槽"这档事了。

进入跳槽的春秋战国时代，资深职场人如果选择跳槽，势必要多方思量，除了薪资、职位之外，还有身心的问题要考虑。怎么跳，真是一门艺术。

跳槽前该思考生理年龄

如何定义资深？除了在专业能力上的一定成就之外，以年纪来划分也是一种方法。社会上有些新兴行业，入行10年就算是资深。因此我们分为35岁、40岁、50岁三个年龄段来提醒资深职场人该注意哪些事项。

【35岁】 年轻有干劲，但人脉、经验仍不足，应积极自我投资、充电学习。

【40岁】 有足够的人脉与经验，但此时家庭经济负担重，应仔细考虑跳槽后的家庭财务调整。

【50岁】 社会历练足够，家庭负担减轻，但此时体力、健康较差，无法日夜加班，长期出差，应考虑自身身体状况。

认清自己的生理年龄后，再来看看跳槽的14大艺术（1~5项需要自行反复思考，6~14项观察新公司、新环境、新挑战）：

1. 先确定是否要转行，是否入错行，是否跟对老板。
2. 确认新选择的行业是不是夕阳产业。
3. 评估可承受的风险与家庭财务调整。
4. 与家人讨论跳槽后的生活变化。
5. 慎重思考自己是否一辈子受雇，或者考虑是否借由跳槽成为公司合伙人。

6 是否挤进企业的核心。越是在核心，越安全，越不容易被取代。

7 被挖角的主管位置越高，越不容易适应新的企业文化。

8 观察新公司是否有接班人计划。

9 勇敢说出并补足自己的不足，向弱项挑战。

10 确认新老板不是过河拆桥型。

11 有的老板忌讳集体跳槽。因为有道德瑕疵，这一点在部分公司眼中视同为缺乏忠诚度。

12 展现信赖形象。

13 态度影响企业用人的抉择。越是资深，越要积极做事、诚恳务实。

14 秀出你的企图，把自己武装成一位具有新竞争力的人才。

值得一提的是，资深职业人在面临工作瓶颈、想转换跑道时，务必注意两点：第一，检视新工作的竞争优势与未来发展。第二，自身要有能力挑战直接创造营运绩效的工作，这才是资深职业人一个可长可久的未来。

职场的黑暗快捷方式，你走还是不走？

8

职场的黑暗快捷方式，你可以选择不走，但是你一定要知道。尤其在经济不景气时，已经有不少职场人私下表示为了生存，将不惜冒险走黑暗快捷方式。要注意的是，你的同事与你交情再好，也绝对不会对你泄漏他的黑暗手法。因此，一个不小心，你就可能成为同事黑暗快捷方式下的牺牲者。

你是受益者还是受害者？

职场女性最常走的黑暗快捷方式是哪一条呢？女性未必就一定要靠女色，但据调查，有高达45%的女性期待办公室恋情，事实上也有四成左右的职场人有过暧昧的办公室恋情，曾有人这样评论：“禁止在办公室谈恋爱，就好像禁止老天下雨一样。”办公室里容易擦出火花使得部分女性自然而然地就把男欢女爱的激情当作职场晋升途径。近年最著名的办公室恋情就属美国前总统克林顿与白宫实习生莱温斯基的绯闻。你认为当时仍属白宫菜鸟的莱温斯基搭上总统，动机是什么呢？

职场的直接利益是具有主从关系的职场恋情里最被人质

疑的一点，有一半的人认为恋情如果发生在上下级身上，绝对不可能做到公私分明。数月前被公司经理提升为特助的甜甜，突然连续一周没出现在办公室，专说公司八卦的小李惊爆甜甜的离职与经理有关。原因是与经理谈恋爱的甜甜竟然唆使经理将自己同部门的眼中钉艾晴的老客户给抽掉，由于动作过大引起其他同事不满，进而引发公司内部调查。这家跨国公司明文规定：不允许内部有办公室恋情，凡违反规定者，则开除地位低的人，于是被迫走路的是倒霉的甜甜。

另外一个案例倒令我感到很妙。一位和男经理谈恋爱的女业务则是命运大不同。该公司规定：经理与下属谈恋爱，就调经理的差。结果她不仅不受影响，日后还以爆料“男上司利用职权欺压女下属”为由威胁公司高层，最终她爬上了主管的位子。不过事实上，她的许多同事都私下议论，这可能是桩事先策划好的阴谋，而且说不准也是这位毒蝎美女主动将恋情曝光的。

有句话说：“穷人与富人的秘密是：穷人相信创造财富靠机遇，富人相信创造财富靠规律；穷人学英文是为了应付考试，富人学习英文是为了扩大社交影响力。”

很显然，走职场黑暗快捷方式的人，就是想快速致富的那群人。在克林顿绯闻案爆发的当时，美国做了一项调查，结果非常惊人。与上司发生关系的职场女性中有六成承认因此获得升迁，也有近两成的人坦承勾引上司的动机，就是为了升迁。甚至一些年轻女性相信，与上司发生关系是职场升迁的黑暗快捷方式。

向黑暗巨人Say No

职场路多辛酸，那些奉承的人卖身、卖命又卖脸，就是在销售自己，无非是想在老板身边混得好一些。有人混得快乐似神仙，有人却混得生不如死。

职场人不是没有选择的！如果你不想走黑暗快捷方式，你可以选择走简单一点的道路，你可以告诉自己别跟黑暗的魔鬼打交道。贿赂、虚伪、出卖灵魂等等，这些都是黑暗的势力，黑暗快捷方式有时会让名利快速到手，但人的眼睛是雪亮的，你专抄快捷方式的做法，就像夜路走多了，难免遇见鬼。身旁的同事们绝对不会让你一再得逞的。

有位文化人提出“自慢”的主张，我极为认同。所谓的自慢是不求速成，不骄傲自大的意思。在讲求快速成功的职场上，自慢反而是追根究底的研究、学习与永不停止的练习。

自慢是一个人的核心价值，也是一种心灵的认同。我看过有些人在职场上不断登上高位并且坐得很稳，他们靠的是三个步骤：不断学习，把握机遇，合理安排工作。这里所指的合理安排工作就是找到自己的定位，找到自己的价值，服务别人，找到自己安身立命的生存方法，而这就是自慢的精神。

职场功利心的**藏与露**

9

这样的朋友你有没有：这种朋友选购书籍时，只买成功、管理类的书籍；交朋友，只交有成就的人；休闲，只做上流社会的运动，例如，高尔夫球；平时，看似与人为善，实际上钩心斗角。

这样的朋友，人称功利心太重，但我鼓励你这样的朋友一定要有一个，你不必欣赏他，但你一定要学会能与之共容共处，因为这种人起码有一个性格优点值得职场人看齐，那就是——做事只为了出人头地。除非你想当圣人，否则你应当习惯职场的功利争夺。

藏与露的艺术

职场上把人分为简单的两类：男人和女人。我认为应该是有功利心与没有功利心的两种人。再细分下去，则是懂得藏与露的这两种人。把一切功利视为云淡风轻，这是藏；把一切利益视为当仁不让，这是露。“两耳不闻天下事，一心只读圣贤书”是古代进阶仕宦的唯一之途。如今的职场人除了真本事之外，还要准备一个“功利心”的天平，这个天平的一端是功利心，一端则是平常心。

藏得太深失去机会，露得太过惹人反感。何时才是合适的时机？其实不是适不适度的问题，藏与露也不是耍心机、手段的问题，而是与你的设定理想目标之间距离的问题。此外，我要强调一点，藏与露更是你与同事间的私密信任与关系距离的问题。再细谈下去，就是一般人常面临的职场问题——同事友谊与自我利益，哪项重要？我能为功利而背叛好同事吗？

我们来聊聊云辉的背叛之痛，云辉和他的同事安妮是办公室里的好同事，情同兄妹，他们在工作上互相协助，中午常一起吃饭聊家里的事，帮对方庆生，一起数落办公室里的同事，关系比自己的家人还要亲密。云辉今年过年还买了两只一模一样的金戒指，给了安妮一只，表示兄妹情谊长长久久。

这段情谊上月出现了几乎绝交的危机。一天安妮带着兴奋的口吻对云辉说，老板决定提拔自己当部门主管。云辉一听完立刻拉下了脸，以指责的语气问安妮："你为何背叛我？这样的事情，你为何没跟我商量？"云辉回想起安妮聊天时经常说到自己的工作态度是平常心，不想争夺名位，只想以后找个好归宿。没料到，当老板要挑选经理时，安妮竟私下运作，积极争取。云辉觉得安妮嘴上说一套，做的又是另一套，是个心机很深的女人。最后这段兄妹情不堪一击，云辉还是选择离开了这家公司。

藏与露挑动同事微妙关系

工作不只是填饱肚子而已，更应该是理想的追求，但对功利的藏与露很容易在同事间引发微妙的关系。往往因气味相投使同事变成为好朋友，但也可能因此成了事业无法发展的原因。有人说，在利益冲突下，办公室友谊算得了什么？但如果你遇到极投缘的同事时，需要认真考虑平时如何拿捏藏与露的问题。首先，信任是先决条件。先要信任自己，而后才是信任对方；你要信任大部分人的选择，而不是一厢情愿的看法。例如，如果逼着某人在自己的前途与友谊之间二选一，大多数人都会选择前途。选择友谊的应该还是有的，只是你犯不着与几率对赌。

那么两者间，如何取得平衡呢？建议要恪守以下两个原则：

公事上 在与公事相关的问题上保持独立和客观。话题不能太开放，尤其是涉及敏感工作信息时。同事情谊一加温，容易让人不客观，也容易让人受制于关系。

私生活上 同事密友间不必避谈对功利看法的讨论，而且对前途积极的人不需避讳一旦有好机会一定会考虑争取。平时让对方清楚你的职业看法与价值观，让对方对你的信任有始有终、始终如一，才是一切职场关系的根本。

而在老板面前，要记得建立一个形象：我们平日的思想和话语总是在不知不觉中影响了老板对你的看法，以及绑住自己的手脚。例如，“女人无才便是德”这句话就绝对要从你的脑袋里拔除掉，尽量让自己在老板面前成为一个可讨论、可咨询的对象，否则公司在重大时刻讨论重要问题时，容易把你当作局外人来看。

职场的情感提款机

我认为，不忮不求是藏的艺术；而当仁不让是露的本意。有人曾将职场关系比作感情账户的存款和提款，一旦产生：1.同事排斥；2.信任破产；3.利益冲突，都会让感情账户的存款大失血。在我看来，其实名利的藏与露就是一种企图心的包装。平时小动作多、赤裸显露企图心、为名利不惜采取肮脏手段打击同事的人，其感情账户的存款肯定是负数。但懂得包装企图心的职场人则会在平时多存些交情，万一发生“利益摆中间，情义放两边”冲突时，也能达到平衡。

职场人遭遇同事竞争时，容易以有色眼光来解读获得提拔的人，以“跑官”、“要官”、“买官”来看待他们。如果你预言依靠自己的能力，未来一定官运大好， 那么你一定要谨记“工作第一，友谊至上，要懂得社会资源的分配权”。每个人都喜欢与那些机智、有启发性，工作努力和诚实的人共事。能力强的人手上资源一定多，记得一定要让同事感到与你共事有一种团体荣誉感。如此，当你一旦出手争取名利时，他们会更通情达理。

投机钻研官场这种事，一发不可收，永无休止的一天。职场人不妨端正心态，工作只不过是一个饭碗，真心对待同事，用心争取前途是正常的事。此刻正费心思考职场功利藏与露的人，倒不如揣摩如何在立功之前，先做好立言、立德，这样会使我们在职业生涯中变得更具智慧。

必要的裁员是
展现职场效率的表现

10

当职场人正在庆幸自己躲过裁员潮时，奉劝你可别高兴得太早，因为裁员不是问题的结束，而是开始。我们来看看一些大老板通过裁员手段，想要达到什么目的？

例如，香港人称小巨人的电讯盈科主席兼行政总裁李泽楷说，他公司裁员目的是："要把公司的营运效率做到世界级水平，为了公司和股东的利益，不得已裁员。"

又如，eBay响应裁员一说时，给了这样的言论："裁员有利精简机构，提高团队工作效率。"而Yahoo在2007年底各个部门的主管就被要求评估部门的冗员，列出可能裁员的名单。当时Yahoo说是否裁员主要取决于股价，如果股价跌破20美元，杨致远有可能采取一切可能措施将股价重新推上20美元。一般情形下，在上市公司宣布裁员时，企业的股价通常会飞涨，因为裁员能为追求短期经济绩效的投资者带来获利的希望。正当杨致远在雅虎展开地位保卫战时，职场上就有人预估雅虎肯定要裁员，尽管裁员并不是件令人开心的事，但它是一个明智的决定，理由有两个：第一，杨致远能够通过裁员来强化自己在Yahoo内外部的领导地位；第二，通过正确的领导决策来提高公司其他员工的士气及效率。很显然，效率二字已成为老板心中挽救企业的救命神丹。

看懂裁员的个中奥秘

裁员已变得越来越普遍了，千万别以为只有碰到被动应对危机时才有裁员。事实上，裁员属于一种管理，是一种正常的人力资源管理行为。裁员有两种：主动和被动。经济性的裁员属于被动性裁员；而结构性和优化性的裁员则属于主动性裁员。职场人必须看懂自己公司前一波裁员的主因为何，才知道这个公司到底是在经营面、管理面，还是其他方面出问题，以及你是否该琵琶别抱了。但无论如何，经过这次金融风暴后，几乎所有企业都高举“优化性裁员”的大旗，趁机解聘那些业绩不佳、不能满足企业发展需求的员工，以追求更高的效率。所以说，裁员不仅是管理流程的终点，也是新流程的起点。

一减一加带来企业效率

2008至2009年间微软公司全球裁5000人的消息令人吃惊，但微软紧接着说要再聘2000至3000人。又如，2009年初美国一些银行即使摇摇欲坠了，也还在招聘一些技术人员。像微软一样也采取同样“一减一加”再招聘计划的公司还不少，例如，美国通用公司也纷纷回聘原来的被裁员工和新员工。

微软、通用等公司采取“一减一加”的策略，是为让公司具有更好的竞争力和更高的效率。这些采取“一减一加”的企业不约而同地加强了员工培训。培训的目的是效率，手段则是：

1 重燃员工激情。

2 给予适当的工作压力。

3 老员工新观念的形塑。

追求效率，更要塑造管理风格

裁员之后，效率驱动着所有与企业相关的事物，像是企业文化等。例如，原本在一家强调人和万事兴的公司任职的小优就明显感觉出公司在一番裁员后，现在每个员工都可以感觉到老板像变了个人似的，公司不再是一片和气，而是要求每三人为一组，每组每个月淘汰一人。小优形容这种高度的竞争压力让她患了严重失眠，同事情谊也变得怪怪的。另一家IT企业在裁员后推动一种更快速的新决策机制，以提高公司的决策效率，尽管研发人才减少了，但是还加快了新产品上市的时间，使得员工面临前所未有的压力，进而产生微妙的抗拒心理。

为了追求效率，使许多主管在公司战略、组织结构和生产流程上都做了重组，大部分员工也调整了工作态度，有的甚至惶惶不安，但是还是有少部分属于沉淀型的人，无视公司最新的淘汰机制。

如何运用管理风格适当面对惶惶不安的人心以及消极被动的员工呢？这是许多主管在裁员风之后所头痛的问题。强人式、高压式的领导未必是特效药，尤其是女性管理者经常倾向于柔性管理，重人情、人际取向。如何在更少人力、更高经营绩效的天平中取得平衡？

重现员工价值 尊重员工价值，与员工积极互动，信任员工能自负其责。

转化式领导 确认员工了解公司的最新目标，积极与下属沟通，鼓励员工参与建议，将权利与信息转化给部属，并促使员工热爱工作。

少摆权威架子 很多主管在和员工沟通的时候，说发火就发火，而效率也绝对不是主管摆架子就能达成的，反而容忍度要更大些，当同事做得不好的时候，要找合适的机会和他谈。

放弃金字塔顶端心态 勿将自己视为公司层级金字塔的顶端，高不可攀，而是将自己置于员工之中，将所有的成员包容在自己的网中，这种包容性的领导风格的优点在于可以加深裁员后组织中每个成员之间的亲密关系，领导者和成员也能紧密地联系在一起。

我们已经走向体验经济时代，企业要对消费者的需求格外敏感，具有纤细、敏感、体贴特质的职场人在这一方面极具优势。管理上必须改变一成不变的方式，就如身为家长的人在教育孩子方面，管理和沟通技巧也必须随着孩子不同时期的成长而有所调整。同样的，在职场上，裁员压力之下的人在重视效率的前提下，工作上往往会采取比以往强势或独裁的领导方式，但我要提醒的是，应该采取部分强势、部分放任的方式，在细节或员工可以自行决定的部分上采用放任，以使员工更能达到自己的目标，更发挥自己的长处。

最终曲

最终曲

让老板挺你爱你的

绝招

识破老板的“恐怖平衡”

1

提起恐怖平衡，就得提提一度是台湾的首富，也就是以管理致富的鸿海集团老板郭台铭。“恐怖平衡”原是20世纪60年代提出的一种核子战略理论，过去美苏两国在核武发展上展开无休止的竞赛，为的是保持一种平衡的恐怖，让对方不敢轻举妄动。冷战时期的战略思潮，如今已成大老板掌控员工的最新手段。

大部分的IT人都听过，郭台铭将他的企业组织架构分为三大层级。分别由五个、四个和三个英文字母来做区分。三个英文字母代表部门层级，四个英文字母代表事业单位层级，五个英文字母代表最高级的事业群层级，只有这一层级才由郭台铭亲自管理。

这里，我用香港《苹果日报》的做法来简单说明郭台铭的恐怖平衡。郭台铭在用人上和香港《苹果日报》老板黎智英有雷同之处。据说，黎智英的报社如果要招聘一名采访记者，他会同时录取三个人，愿意多花钱雇人的用意在于让三人自己私下去斗，记者们为抢独家新闻、抢饭碗而争得你死我活，通过优胜劣败、自然淘汰的手段留下最后一名生存下来的记者。在郭台铭的企业里曾经有几百人的一整个团队被淘汰掉。当任何人在老板面前开始崭露头角时，这一型的老板马上会找来更多实力相当的人来展开恐怖平衡，别忘了功高震主绝对是忌讳。

恐怖平衡的用意

1 帮公司在同时间内汇集最多的人才。通过制度上的设计，诱使员工彼此竞争，达到优胜劣败、适者生存、不适者淘汰的目的。

2 让员工不至于自认为是老板跟前的红人而开始自大、狂妄。

3 让员工心中时时产生不安全感、危机感，必须努力不懈。

4 让有心往上爬的人，永远猜不透到底谁是老板心中的最爱，产生一种同事间的竞争关系，最终得利的仍是公司。

当一家公司在发展的初期或展开扩张时常常采用恐怖平衡手段。郭台铭的鸿海集团和黎智英的《苹果日报》都因恐怖平衡使员工时时绷紧神经，让公司在短时间内快速成长。不过，当老板在祭出恐怖平衡的手段时，必须有高红利、高奖金的配套措施，事业群负责人在高压之下若极力表现，有的能获取高额奖金、住豪宅，甚至能成为亿万富翁俱乐部的一员。

现在许多老板喜欢玩恐怖平衡，这种赤裸裸的人性游戏就像电玩一样，会令人上瘾。有人讽刺说，现在的大老板每天最重要的一件事就是，如何维持企业各大事业群负责人之间的恐怖平衡。

当你的老板在搞恐怖平衡时，职场人勿忘自身的权益：

争权夺利是好汉 这就是一场争权夺利、论功行赏的大戏，你必须随时备战。

谈判你的前途 在专业成绩之外，还得与老板展开长期的沟通和谈判，更重要的是，不错失公司任何一次关键的决策。记得，这一型的老板欢迎员工有心机，但不喜欢员工有心事。

了解自身的市场身价 不当廉价劳工。

认识你的代价 高压力会摧残健康，以及让你持续焦虑。

国王的令牌，看得到，摸不到 国王的令牌等于是大老板的财富分配权，老板若要交出，通常朝两个方向来找：其一，找一位能让他放心的人，通常是家族里的人。其次，找一位不致产生利益冲突的人，通常是持股最多的家族亲友。郭台铭即使旗下大将无数，但是一度最想托付权杖的对象还是他的胞弟。换句话说，能在这样的企业里接下国王令牌者是微乎其微。

总之，碰到搞恐怖平衡的老板，员工必须拥有两种心态，才能做得愉快。第一，要懂得融汇贯通西方芭蕾舞的优美和中国太极的柔和，芭蕾舞者能将腿拉得很高，而中国太极则能让人蹲得很低。这种内敛又外放的身段是面对老板的基本功。第二，要认清老板是绝对的现实主义者，你即使立了大功，也只是老板手上的一张牌，而老板随时可以换牌打。所以，要记得“永远别太嚣张”！

讲老板的坏话**也是一种艺术**

在外商企业发展顺利，即将升职成为项目经理的戴娜突然传出辞职的消息。对于她突如其来的举动，公司同事间有许多传言，有人说她是被同事干掉的，也有人指出其实戴娜说了老板几句坏话，结果隔天就被请走了。无论真相如何，同事们皆错愕不已。

用语斟酌才不会失之千里

身为职场人的你，敢对天发誓你从来不曾说过老板的坏话？据调查，当同事私下聚会时，嘴巴里讲的通常都是老板的坏话，我认为不曾在背后数落老板的人是少之又少。但说老板坏话的就一定是坏员工，或者不曾说老板坏话的就一定是好员工？其实，这个问题见仁见智，有些人道老板的不是，可能是为了老板好；而有些人说三道四的，则可能真的是长舌公或长舌妇。

根据调查，职场人说老板的坏话甚至最后导致离职的有以下几个原因：

1 老板经常说话不算话，据调查将近有2/5的老板食言，让属下觉得闷，因此下属经常离职。

2 管理面和执行面上的落差造成老板与属下在认知上产生落差，这种共识上的鸿沟久而久之形成情感的疏离，促使员工一遇机会就说老板的不是，好发泄心中不满。

3 觉得老板比自己笨，要跟一个笨蛋老板共事已经很辛苦，如果他又什么都抓在手上不放权时，那肯定叫人抓狂。

再说说戴娜的故事，她从事服装业，不仅认真负责而且创意新颖。老板将公司网页改版的工作交给她，想不到这竟成了她走路的导火线。网页设计其实是一件极单纯的事，但如果漠视它的价值和影响，那么网页就成了华而不实的渠道。戴娜为了让网页能将自家服装成功外销到新市场，不顾老板的限期完成要求，坚持网页的效果和功能一定要做到尽善尽美。这么一来，网页改版的进度就严重落后，且影响公司最近参展的效果，老板于是在开会时对一向倚重的戴娜发了一顿脾气。自尊心强的戴娜被老板修理后，当天与同事午餐时，大大说了一番老板的坏话，指称老板并不比自己聪明、观念老旧，有时又食言，她觉得跟这样的老板共事很倒霉、不值得，不如离去吧！这样，公司一些好事者就把戴娜说过的话添油加醋地传给了老板。

真顺转和走出稳定职场人生

实话、谎话、好话、坏话，这四者架构起一个人简单的语言内容与态度。语言是沟通的工具，也是职场人事业成功不可或缺的条件。当职场人不得不说老板坏话时，该如何说呢？这真是一门学问。首先，心里一定要切记老板永远是老板，为人臣者千万不可犯上。如你真的必须说老板坏话时，“真、顺、转、和”这四个字是我给各位的建议。所谓“真”，就是坏话最好要当面说，让老板看到你眼神里的真诚；所谓“顺”，就是态度上先顺着老板；所谓“转”，就是一部分顺着老板，一部分伺机表达自己意见；所谓“和”，就是让老板在保有面子的情况下完全接受你的建议。戴娜与老板共事虽已有一段时间，但一直没有摸清楚老板的脾气，就像是没有吵过架的情侣其实还不算是亲密伙伴！说真格的，戴娜的的确确犯了两个不该犯的错，一是在老板背后、同事面前说老板的坏话，最后被同事出卖惹恼老板；二是她竟直指老板的IQ有问题，一般而言，老板可以接受其EQ被批评，但绝对无法接受IQ被质疑。戴娜离职后，曾对我说她后悔当时不懂得从老板的角度来看事情。身为一个老板自然要承担公司所有的成败，主观意识肯定很强的，员工即使看到了老板的不是、不对或无能，在公司里还是得把老板视为必须尊敬的人，不应该破坏老板在同事间的权威地位。

职场人难免遇到昏庸无能的老板或长官，如果感觉老板的意见很逊，难以接受，个人建议在“伴君如伴虎”之下还是得先“顺”着老板，如此才能让老板觉得你顺服他的指令，而后再进到“转”，最后的“和”让老板感受到你是位公司权益至上的好员工，这种经过摩擦、沟通、和解的交流，展现一种对老板的礼节和真诚，而“真、顺、转、和”的沟通技巧，更能让老板体会你对工作的付出。

如何说老板坏话说得好

A：It is right to be wrong.

B：It is wrong to be right.

黑和白原本只是两个颜色，如果混在一起，就会有层次不同的灰色。有时候明明是对的事情，经过不同人的解读，会有不同的想法，当然也可能变成错的。

上述英文是在说老板坏话前必须好好思考的。如果心里对老板有所不满实在憋得难受时，不如把心事跟外面的朋友聊聊就好，千万别跟一堆同事倒苦水。又或者干脆去找个沙袋吊起来，上面写上老板的名字，然后好好揍它一顿以泄恨。个人蛮建议沙袋这个法子，起码不会被同事出卖。而如果你选择当老板的面说他坏话，请谨记以下四个“right”。

right attitude　也就是对的态度。即使是金玉良言，但如果态度语气不好，老板也会感到不悦。有句话说：“对长辈谦逊是本分，对平辈谦逊是和善，对晚辈谦逊是高贵。”更重要的是，对所有人谦逊是安全的！

right place　即“对的地点”。说话的场合不对，虽然说的是真话，但却惹人生气，破坏气氛，必然对自己不利。最好尽量跟老板预约一个时间到老板办公室单独面对面说明。

right timing　是为对的时机。子曰：“言未及之而言，谓之躁；言及之而不言，谓之隐；未见颜色而言，谓之瞽。”孔子这句话强调的正是说话时机的重要性。

right way　为“对的方法”。一定要强调为人员工的谦卑，甚至有时宁可舍弃口语表达，而要用传统上书的方法向老板进言，让老板感受到下对上的敬畏。

与老板的距离多远，**才算安全**

3

美国房产大亨川普在电视节目“The Apprentice”里曾一手捧红一名36岁叫Carolyn的女性，她原本只是川普旗下一名高尔夫俱乐部的经理，但自从被老板捧红有了全国知名度后，Carolyn的对外事务变多了，就在她还陶醉于纽约上流社会的名利浮华之时，川普一天突然对她说：“You are Fired！”自认完全没做错事的Carolyn无法接受这种下场，但其实她的其他同事都心里有数：Carolyn的野心太大了，老板川普喜欢本事大的员工，但可不喜欢野心大又动作大的员工。而川普另一位年过七旬的高阶主管George Ross，即使名气也大，但他谨守员工本分，与老板保持一定的安全距离，他对老板的私生活只听不说，而对自己的私领域也透露不多，至今为止他仍与川普维持良好的主雇关系。见过大风大浪的George Ross自然明白保持安全距离是每一位爱将必修的功课。

再来说说魏忠贤这号人物，中国的太监应该是最能体会何谓“伴君如伴虎”了，原本魏忠贤只是个厨师，自从得了熹宗的宠爱后，居然以九千岁自居。只不过，嚣张的魏忠贤早就被继位者崇祯视为欲除之而后快的人选。因此，一向不知轻重、不守君臣之礼的魏忠贤在改朝换代后立即被逐出朝廷。

认识悬崖理论

李敖曾经提过悬崖理论，假设有一天你到郊区散心，走着走着突然看见前面写着“小心悬崖”的警告牌，大片自然美景在前，请问你会走到悬崖边探探，或是就此留步？

一般人因为恐惧，怕摔下去，到了悬崖边缘之前，自然会向后退几步。其实即使真正走到最后一步时，也不会掉下去，但是人会很紧张，所以下意识地保留一点安全距离，向后退几步，这就是李敖口中的悬崖理论。他指的是一般人心中都先有一个标准，向后退几步，表示更安全。换句话说，我们心里面所设的这个安全距离的标准要比实际的危险评估还要更严、更紧、更退缩。

与老板一起逛街，好吗？

如果女老板邀女下属下班后一起逛街购物时，请问这位下属该不该答应？我的朋友安妮真遇到了这样的问题。

职场人的烦恼来源之一就是不知如何保持与老板的距离，我的友人安妮与她的老板和谐共事快20年了，她说她的工作分为做与不做两种。要做的有：

1 成为老板的化身，替她分忧解劳。

2 帮老板处理危机的高手。

3 永远站在第一线，做老板的盾牌。

4 迎合老板的行事风格。

5 明确了解老板的企图和想法。

而不做的有：

1 工作场合要守住下属本分，私下场合更要与老板保持一点安全距离。

2 距离太近，容易会错意。

3 适时提出建言。

4 不被老板看透自己。

5 切记小鬼难缠！小心其他同事借机挑拨关系。

6 老板吐苦水、道心事时，保持被动冷静，切勿主动迎合，老板不是值得倾诉私事的对象。一旦老板探询你的私领域，必须把握“让他知道也无妨，但无法与老板分享的事情绝口不说”的原则。

7 永远不要与老板有金钱上的借贷往来。

8 女同事避免与男老板有情感纠葛。

那么到底安妮是否应该陪女老板一起逛街购物呢？答案为否。安妮说，陪同逛街购物并不属于要做的范围之内，女老板纯粹是为了打发休闲时间，可是对于安妮来说她则必须时时维持上班时下对上的态度。再者，老板一旦购物时征求安妮的意见，例如，衣服的样式、价格等，很容易触及个人的审美观与消费的价值观。稍一不慎，容易伤及个人内心感受。因此，安妮属于那种宁可撒个小谎，也绝对不与老板一起逛街购物的下属。

时刻尊敬，小心为上

每位老板有不同的风格，学会观察主管的风格差异，用对方较能接受的沟通方式与之互动。你的老板属于哪一型呢？面对权威型的老板与表现欲很强的老板，一定要谨守安全距离。静芬是我一位在广告创意公司工作的朋友，她的老板就是既权威又好表现，尽管嘴里常说："广告人，千万别拘束，想说什么就说什么。"但有一回女同事批评了一下老板的新发型，结果那位女同事当月被老板借机修理了一番。无论老板是哪一型，充分的尊重与适当的距离是最好的保命平安符。

当然，如果真侵犯了老板的安全距离，那么装疯、装傻、装病是救命绝招。例如，朱元璋一度要杀御史袁凯，袁凯听说后立刻装疯。朱元璋派人去召他回廷，袁凯急得趴在篱笆边吃狗大便，朱元璋自此确认袁凯真的疯了，放他一马。其实，听说袁凯吃的狗屎是用人吃的面拌砂糖假造出来的。

你应该知道的信任模块

平时增加与老板之间的信任是个重要的课题。有研究（Dorsch, Swanson& Kelly，1988）认为，信任在发展高质量的关系上扮演非常重要的角色，只有主雇或两者之间具有强烈的信任知觉时，才会持续发展长期的关系。员工获得老板的信任，其来源有三：1.才能，2.善心，3.正直。有研究（Mayer, Davis & Schoorman，1995）更进一步说，信任就是一种风险承担的行为，当信任者对被信任者采取信任的态度时，其实已经承担了可能受伤害的风险。信任者会经由信任导致的结果，更新其对被信任者的能力、慈悲心与正直的认知，从而直接影响到下一次相互信任的行为。信任者对被信任者往往会因任何一个变因就重新评估与判断，员工一旦做出损及老板信任感的事情来，老板心中对员工的信任模块就会立即转动改变。换句话说，信任是一个不断回馈与修正的回路。如下图：

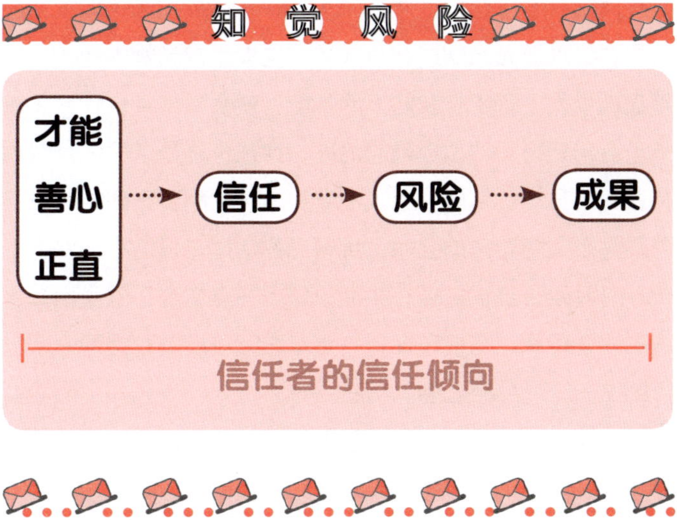

人际距离的黄金准则

人际传播学中，曾提到四种与周遭环境保持安全舒适关系的人际距离，而它也是一种心理距离：

公众距离　350厘米以上，例如，看表演、上课。

社会距离　120~350厘米之间，例如，谈公事。

个人距离　50~120厘米之间，例如，与亲朋好友聊天的距离。

亲密距离 30厘米以内，例如，与亲密的伴侣亲密接触的距离。

你认为与老板的人际距离应该是在哪个阶段呢？如果选的是3或4，那么将带来压迫感；如果选的是1，那么带来的是疏离感；维持在2与3之间，也就是50至350厘米之间视情况拿捏，将可兼顾亲切感和权威感。老板也有动物本性，一旦地盘被侵入，基于自我防卫的本能，便会立刻将自我武装起来。有句话说："伤你最深的人，往往也是最亲的人。"如何避免平日声称情同一家人的老板上司们翻脸比翻书还快？善用这个人际距离的艺术，可帮助你掌握老板的心理安全系数。有时候，我们需要在生活里留下一点空隙，就像两车之间的安全距离，与前车保持一点车距，可以随时缓冲一下自己的安全位置，避免追撞，进退有据。

应该服务上司，还是公司？

职场上70%至80%的人有跳槽经验，其中仅两成与上司无关。所以说，基本上跳槽都是老板逼的。还有一项调查，一些好人才往往没有得到老板重用，高达八成的原因是和公司理念不合，其中五成以上是和顶头上司产生矛盾。

4

上司与下属天生相克？

有人说上司和下属是天生的矛盾体，但换个角度想，两者也是生命共同体。身旁一位朋友的顶头上司对他有所顾忌，认为他有威胁，私下在各种场合打击他，心情极差的他向我求助。我的建议是，大部分人都会过分关心自己年底的工作表现与公司绩效评估，于是只顾争取工作上的表现，平时反而忽视了为上司的服务，而这就是下属和上司产生矛盾的源头。但如果仔细思量，不难发现，每位上司都有私心，上司延揽下属进公司其实是为了让下属创造出好业绩，然后帮助上司在公司崭露头角，以便上司将来能更上一层楼。换句话说，就是士兵打仗是为了替将军立功，所以身为下属的人不应该忽视为上司服务，即使这位带头将军的智商、学历等等条件并没有你来得高，下属也得识时务为俊杰。

一位在出版业担任社长的日本人曾这样形容：“部属对上司过度期待，绝对是不可以的！”日本的职场生态非常重视辈分伦理，时下年轻职场人容易犯趾高气扬眼里没有上司的毛病，这位社长就建议才华洋溢的年轻人遇到不知该服务公司还是上司的问题时，必须先冷静思考：

1. 自己为什么觉得上司很差劲？
2. 下属藐视上司的行为是否也让上司觉得下属很差劲？
3. 这种情势延续下去，对自己有利吗？

菜鸟、老鸟心态大不同

我拿同样的问题“你觉得应该服务公司，还是上司？”来询问职场菜鸟和老鸟，结果大不同。前者主张要服务公司，而后者则答说要服务上司。这是否意味着老鸟把职场生态看得更透彻？

其实，“服务上司还是公司？”是人性的问题。从最基本的管理关系来看，下属首先是对上司负责，间接才是为公司服务。如果下属不把上司“伺候”好，容易造成各种管理难题以及影响与上司之间的人际关系。

我亲眼看过同一家公司不同部门的高阶主管们为了推卸责任，同时修理某一位下属的惨烈情况，原因是基于各方上司的共同利益。有时高层之间的斗争是先从修理对手的下属开始，这种手法的警告意味浓厚。职场就是玩“政治”，政治就是要懂得站在多数的一方，有手段的人搞办公室斗争的三部曲就是：

1 基于各方及自身利益，先在公司内部塑造一个“全民公敌”；

2 开始对全民公敌的下属开铡；

3 找替死鬼来牺牲。

由于这位员工平日疏于经营和上司的关系，上司自身难保，为了及时解除自己在公司的危机，不得不断尾求生，让不讨喜的员工当替死鬼辞职走人。如果平日对上司服务周到，或许结局会不一样。

搞清楚上司的底线！！

不论你是服务上司，还是公司，切记，首先要让你的上司对你放心。上司和下属两人仿佛在同一艘船上，一旦遇到利益的拉锯时，下属如果无法掌握上司的底线，很容易有翻船的危险，一旦翻船，手上资源相对少的下属自然会被牺牲。

据统计，上司最不放心下属的四件事是：

下属不懂换位思考 换位思考首先从“知道你的上司对什么人、什么事情负责，你的上司最在意什么？”开始。有些在家族企业任职的高管还必须对老板娘负责，看她的脸色，行事两难。因此，身为下属的人千万别只顾自身，而忽略上司正处于水深火热的压力锅之中。在类似的公司派系争夺中任职的职场人，切记在面对上司时首重忠诚。

不懂服从的艺术 服从不等于盲从，如果是上司有私心，可能损及公司利益时，下属则需为大局着想。不要盲目行事，否则替罪羔羊可能是你。

一天到晚越权 权力代表魅力，有些上司才气平庸，他和下属唯一的差别就是他拥有权力，这般上司最大的梦魇就是下属一天到晚越权。尽管下属想极力表现自我，但一天到晚越权等同为破坏团队的整体团结。下属希望被上司重用，而上司希望被下属重视。一个是名利上的满足，一个是人格上受到尊重。

不懂及时沟通 男女大不同，男人只求结果，女人则看重过程。如果你面对的正是女上司，则更要重视细节上的累积。建议和女上司多沟通做事的过程，让她了解你的具体做法，以避免无谓的怀疑。

举一个例子来说，在药界工作的美美负责对外采买的工作，这类工作就是为公司争取最好的价钱。不过美美与供货商走得太近，忽略了与上司沟通的重要性，使得她的上司怀疑美美到底是为谁工作，或者拿了厂商的回扣。

大部分的女上司并不会以修理人或要求下属做额外的服务为乐，而是希望下属能够在工作中陈述具体好处、委婉表达意见，以及表达感谢之意，这就是接近完美的沟通了。

从公司全面利益着想

这里有一个小故事：两位程度相近的年轻人同时进入了一家公司。但是一年后，老板对其中的一位加薪升官，而另外一位却即将被炒鱿鱼。后者非常不平衡，老板就给了他俩一个机会，去做同一件事情。老板对后者说，公司对面卖苹果的，你去看看多少钱1斤？这人问了回来，告知老板价格。老板又问他，如果买得多的话，买10斤是不是可以便宜一些？这个人又跑过去一趟。老板接着问，如果把这水果摊全包了的话，要多少钱？这个人跑了第三次。最后老板问他，这家卖苹果的管送货吗？这个人连去了四次。

老板接着让前一个员工去买鞋。老板问他，那家鞋店的样式有什么不同啊？你去看看。员工回来了，告诉老板鞋的样式。老板紧接着问他："那家店有我能穿的吗？"他回应老板说："有啊！有很多适合您的鞋子。"除了这些之外，他还向老板报告了这些鞋目前在市场的反映。他只跑了一次，把所需要的情报数据都打听清楚了。

两相比较，懂得举一反三的这名员工所提供的具体好处正是在服务公司，也同时服务了上司，也就是从公司全面利益出发的超完美演出。职场上，你所做的事情往往只是某个大环境里的一个小环节，上司考虑事情的角度当然和员工不同，下属考虑的只是眼前的项目，从短期出发，而上司考虑的却可能是五年后的发展。

把上司当成自己的顾客

我蛮喜欢用服务业的眼光来评估一个行业，或是个人在市场竞争上的成熟度，因为服务业占所有产业的比例被视为一个区域是否进入已开发的标志。下属和上司及公司的关系正如同顾客关系。

怎么说呢？若从服务等级来看顾客忠诚度，可以发现，一个“普通服务”，只能得到满意的顾客，但是如果所提供的服务是“非常服务”，这个非常指的是为顾客创造价值，此时会让顾客印象深刻，愿意一而再，再而三地光顾，也就是获得一名忠诚的顾客。

另外，也跟大家顺道一提，如何提供一项“非常服务”，有三个重点标的：差异化、增值，以及开发新关系。前者可以为顾客创造价值，其次可以让产品独具魅力，最后则是利用好服务打造新的人脉关系。

之所以用这种方式来阐述公司的职等关系，其实是有原因的。身为下属，尤其是刚进入职场者通常对上司言听计从，但这也并不意味着你一定要做乖乖牌。在服务上司的同时，要保持自己的独立性和判断问题的能力。如果一切事情唯命是从，没有自己的主见和预见性，很难在职位上获得升迁。

有些人在对付恶上司时会采取对抗方式，不过对抗模式不是安全的做法，一旦关系恶化，通常都是掌握权力的一方获胜。尤其遇到驾驭型的上司时，更要努力做到和上司理念相同、和平相处。即使你不认同上司的做法，也务必做到清楚沟通，方能共创职场的双赢。

别让自己沦为职场的“家臣”

5

晓萍在一家知名高科技公司服务已经超过10年。在人才流动率非常高的IT产业，真可谓忠诚度非常高。晓萍不仅对工作尽忠职守，还把自己的青春岁月给赔了进去，这一切只因为她的顶头上司当年跟她说的一句话：“晓萍，你跟着我就对了，我不会亏待你的，只要我有吃香喝辣的一天，绝对少不了你。”听了这样一句窝心的话，晓萍自此对上司是掏心掏肺，不论上司的公事私事，她几乎一手包办。

晓萍的上司是位大姐型作风的财务部女经理，历经几番高层人士调动依然稳坐泰山，这种元老型的身份以及平日热情爽朗的作风，让晓萍觉得只要跟定这位老板，前途肯定光明无比。

晓萍的工作能力颇受女经理的赏识，还经常被她口头称赞，尤其是女经理的亲戚朋友们无一不知这位能干的女同事。只不过，晓萍万万没有注意到她已经渐渐沦为家臣了。职场里的所谓家臣等同于中国历史上曾经出现过的宦官，宦官主要是传达皇帝命令、伺候起居等杂事，即使宦官容易得到帝君的宠信，但其在宫里的地位仍然低贱。其实，职场上的“家臣”和政治上的“宦官”，两者的命运大同小异，下场好的并不多。他们在掌权者的心目中都只有位置，而没有分量。更残忍一点说，家臣就算有位置，也仅止于上司的心中，是虚拟的，而非在公司具体的人事晋升规划中。一旦自己沦为顶头上司的家臣，那么其在公司里的位置就是跑腿、买办，而无法体现出自己原本的专业度。

我需要你，但我不爱你！

晓萍的职场境遇，我会说她遇人不淑。就以几点来看吧！第一，她的上司视她为最亲近的人，但把她当家臣来使唤。这是典型的“我需要你，但我不爱你”的职场从属关系。第二，她的上司有强烈的私心，把自己的方便凌驾于晓萍的前途之上，打算把她留在身边，这是典型的保护主义作祟。晓萍过去学的是物流管理，刚进公司的前几年，遇到内部物流部门人事空缺时，总不好意思跟上司提出转换部门的想法，但看到与自己同期进公司的同事们一个个都往上爬，而她自己至今仍是一位小小办事员后，她再也按捺不住了。此时，正好下个月公司物流部门有个小主管的职缺，晓萍左思右想后，鼓起勇气跟主管表白心声。

“晓萍，你怎么这么不懂事？”这是女经理给予晓萍的

第一个回答。晓萍试图从经理脸上的表情解读话中的含义，可惜经理故作忙碌状，头也不抬地整理起办公桌来。手心有点发汗的晓萍显得手足无措，只好怯生生地再问：“请问经理的意思是……”话还没讲完，女经理慢慢地抬起头来，摆出一副老大姐的姿态噼里啪啦训诫一番：“晓萍，你要知道，过去几年公司频换老板，要不是我在罩你，凭你的能力早就被Fire掉了。关于你的想法，再等等吧，别急！”

一脸沮丧的晓萍缓缓走到茶水间，试图理出头绪，检视自己是否真如经理所说的一无是处。“不，我不是没能力的人。要不然经理也不会强留我在身边。说来经理待我也不薄，每年年终都会私下给我一个不小的红包。可是我的专业是物流管理，又有MBA的学历，更何况公司现在又正好有职位出缺。”

在我看来，晓萍犯了几个“遇人不淑，浑然不知”的大错而不自知，举例来说：

1 她年底所拿的红包是来自主管而非公司，这表示她的工作表现并没有在公司的体制下透明化，她的成绩无法被公司更高层看见。

2 她没有参加公司的绩效考核制度，即使有再好的潜力，也无法被其他部门看见。

3 她的主管已将晓萍划入自己的小派系，属于公司其他人不好乱动的人马之一。

4 没注意到主管女经理一向只在亲友面前称赞她的能干，而非在公司同仁面前肯定她的价值。

展现职场应有的自信

女性职场人必须意识到有些女性主管在面对能干的女性下属时，经常采取“又爱又嫉”的态度，无法接受女性下属有朝一日超越自己的局面。很显然，晓萍的主管根本不是一位值得跟随的主管，在此重申好的主管的定义，即是能指导你、传授你和栽培你。也就是说，如果你在职场上遇到私心很强的烂上司，基本上，如果你已经下定决心不惜得罪她，请坚持到底！

在这里，我鼓励晓萍不要再等待了，应该再次以坚定的态度、感激的语气向经理说明意愿，并且礼貌性地先向经理预告自己将向公司人事处请调部门，请经理支持自己的坚持。即使经理恼羞成怒了，也无须难过，因为那更证明自己跟错了老板。试想，得罪一个人，总比耽误自己一辈子划得来。“造反有理”是一句老话，但“理”这个字在现实的职场上有时是走不通的，反而落得造反无理、革命有罪的下场；如果你已经下定决心不惜得罪她，我主张以“造反有力”四个字坚持到底。所谓的“造反有力”，指的是你在工作上具有实力、能力、眼力、潜力。晓萍跟在经理身边数年，基本上已具备总务、财务、秘书、公关、协调的基本能力，而她又学了物流和管理，自然拥有“造反有力”的条件。即使得罪经理被Fire，也无须太过担心自己的出路，因为在坚持得罪她的背后，是一股强大的坚持到底的决心。

中国人一向推崇人和为贵的职场价值观，但有时生气、不平、愤怒等负面情绪反而能让人产生力量。我记得有位名人曾说过这么一句话：“盲目和顽固的乐观有时是一种愚蠢。”当生活上或职场上有人刻意打击你时，干脆正面迎击、放手一搏，因为天底下除了你自己之外没有人可以阻挡你的目标。请记住，在职场上，平日的谦逊是种风度，但千万别让谦逊隐藏了自己的天分，尤其遇到人为的刻意阻碍等逆境时，就必须把美德摆一边，自负、自我宣传、自我争取、自我营销都是一种成功的手段。现今的企业都强调绩效文化，凡事“不看过程，只重结果”、“庸者下，能者上”，若是你工作范围之内出现了任何长期阻碍你工作绩效的人物，不论职务高低，如果你已经下定决心不惜得罪他，请坚持到底，因为你并非为了反对而反对，你可以很自信地大声说出“造反有力”！

“家庭化”过度的下场

6

首先，我要说这个题目有点太不“中国”了，中国人一向把自己定位为大家庭的文化，不论到哪儿碰见什么人，总要先攀亲带故拉关系，这是与人接近建立交情的第一步，选择工作也特别要求有人情味的环境。但今天我却要向大家大声提醒：办公室不是大家庭！

戳破职场误区

从人力资源的角度来看，同事和上司是职场环境的重要架构，对上司的称呼可以反映出职场关系的亲疏，可以大致了解一家公司的企业文化和职场氛围。例如，中国人的办公室里经常听到张哥、王叔、李姐等这样亲切的称谓，为人上司者经常以家人的口吻与员工沟通、交心。职场新人刚进这样的公司时，可能会误以为办公室真的就像一个大家庭，以为上司、下属和同事彼此之间没有任何级别、辈分的区别，上司就像家人一般地随时包容自己的毛病、脾气和错误，觉得自己可以跟上司同生死共患难。但小心！这其实是一个职场误区。有些外表看起来和善的人，事实上却非常在意资浅低阶的同事在职场上是否敬畏他。就像有些住在国外的中国人，时常无法认同西方家庭里孩子直呼长辈的英文名字，认为太没大没小了，同样，在职场里，一个不小心，也会被误认为你是个没大没小的人。如果是新人，那么你在此公司的前途虽不至于黯淡，但也难免会坎坷一些。

你挤入我们阶层了吗？

在我看来，办公室人事单位所规范的上司下属阶级乃属于显性位阶；但另一群人则属于隐性位阶，我称它为“我们”一族。所谓的“我们”族群，并不是指纵向的上司和下属的关系，而是公司里真正掌握权力、具影响力、较资深、在决策核心内的一群人，这群人基本上都已经爬上某种位阶，多属于横向的同事关系，最常见的是不同部门的最高主管。

但也有一种人并不在大型企业里做事，可能只是带三五名员工的人，也将自己定位为“我们”族群。这种人的特性是拥有丰富的经历，在职场上曾站上某种高位，是某个领域里的佼佼者，或者背景不凡。即使这种人现在不是带兵千人的将军，但仍旧视自己为与众不同的“我们”族群。他们可以让属下和他们平起平坐，一起吃饭、说笑话、聊性别的话题，但这都只是表象。“我们”族群的人即使被办公室热情的氛围所包围，仍旧随时保持一颗静、冷的心，和知、惕的脑，甚至可以说“我们”这群人属于外热内冷型。对这些“我们”的人而言，办公室不是一个大家庭！为什么呢？

说说席拉的例子吧！她待过几家大型企业，每回换工作都是被高薪挖角。她身价越炒越高的原因，就在于她很擅长带领组织，而从我的眼光来看，她是深知办公室不是大家庭的一个人。有一次，我问席拉管理工作难吗？她浅笑说是有点烦但不难。她与我分享她的诀窍：把握每一次和员工面对面的机会，仔细看看员工的眼神和脸上神情，了解员工是否有心事，之后私下以家人关心的口吻来了解员工的烦恼来源，若属于公事范围，她替员工解决；若属于私事领域，她也会在衡量情势之下替员工出主意，让员工感受到如家人般的温暖和关心。不过席拉永远提醒自己是个管理者，不是员工的家属，必须时时站在公司立场出发，保持客观的角度处理人事。她认为办公室氛围可以亲切人性一些，但管理者必须平等执事。

办公室不是大家庭，是政治！

根据调查，将近六成的职场人为办公室文化而烦恼。其实，办公室文化就是一种政治，讲白一点，它根本就是一种帮派。

这群人对公司文化的认同极强，借由几年下来的信任关系进而产生义气和情感，个个也都爬上了某种位阶。帮派是他们掌握权力的地盘和进行利润分配的工具。尽管不同帮派常因争地盘而产生冲突，不过他们清楚自己有很强的寄生特质，组织的最高利益也就是他们最高的利益。因此，可以不惜一切来维护组织权益，不过，一旦组织出了事，也会很快地一哄而散。

当一名称职的员工必须知道以下几件事情：

1 每个办公室都有一条不能跨越的鸿沟，就像乡下村里人经常以一条大水沟来划分东头和西头。东头住着辈分高的人，东头的人往往受到较高的待遇，这就是村里人的传统。中国人的职场向来讲究辈分，讲究辈分，就有其严肃的一面。

2 当办公室没有辈分的区别，气氛轻松融洽时，必须认清长官可能只是单纯想接受下属们的感染，试图融入员工的氛围中，让自己也变得年轻、有活力。切记，大部分的上司并非真的把你当成一家人，尤其是喝过洋墨水接受欧美文化洗礼者，特别无法接受中国人将大家庭文化带进办公室。例如，有一位在外企做事的Albert自己觉得跟上司处得越来越好，平时开玩笑时还叫上司一声Uncle。但是当Albert在办公室里跟上司这样说："我下个月想休假带老婆出国玩一周，好吗？"怎料，他的上司居然瞪了他一眼回道："你这么大的人了，这点事还无法自己做主呀？"Albert事后说，他平时与上司互动时的确犯了一个"自我感觉良好"的毛病。

3 办公室若真的成为大家庭，上司在对事时，容易夹杂着对人的偏见，下属也无法将上司的指责当成指教，了解上司对事不对人。

4 有人认为办公室政治肮脏，有违高风亮节的情操，这一点值得佩服，但这类有政治洁癖的人往往前途有限。

5 "我们"一族的人，经常被污名化，被批为表里不一。但职场就像一场电影，有朝一日配角也有可能变身为主角，要当一名出色的主角非常不容易，首先，必须多看戏，戏看多了对于诠释人性的钩心斗角也较能游刃有余。不论是配角或主角，职场人都必须了解办公室顶多表面看起来是一个大家庭，但实际上员工永远无法改变彼此的基因、血缘大不同的事实。

逆境加薪**不是梦**

7

我美国一位好友周先生跟我诉苦说，他一年前好不容易申请进了加州某大学当职员，不料半年后就被通知全加州公职人员最起码减薪5%，而且资历浅的还可能被裁员。但另一位也在美国的朋友欧阳先生非但没减薪，还加了薪。他凭什么命运大不同呢？

据调查，当经济未复苏前，有近40%白领阶层不敢向上司提加薪，20%虽然还是会提加薪，但是会降低加薪的幅度。至于剩下的30%多则表示“逆境加薪这事儿想都不敢想”。是的，别人都要失业了，你还提加薪吗？但如果你的工作表现真不错，逆境加薪难道是难圆的梦吗？

有位在外企工作的高级专业经理人跟我分享：“现在没有任何事是永恒的，尽管当失业率飙高导致有近90%的人无法加薪，但如果你值得老板为你加薪，你就要试试看。”有人说加薪与被裁员的距离只有0.01毫米，而且“危机就是机会！关键是你有没有让老板觉得值回票价。”所谓的值回票价指的是你有没有以下这几项克敌制胜的条件：

能帮人赚钱的态度　香港首富李嘉诚14岁当起茶楼跑堂，替客人倒茶时懂得察言观色，他能记住客人的爱好，喜欢喝什么茶，对客人的习惯了如指掌，间接帮老板做起了公关。眼看客人都喜欢李嘉诚这小伙子，老板为了留住能招财的员工，也就不断替李嘉诚加薪。

能吸金的魅力　梅贞是一位年约40岁的职场女性，她每一份工作都是大公司，上周她又被高薪挖角了。我始终不明白只有大学本科学历的她如何能步步高升，上周和她喝了下午茶被她那闪灵动人的眼神“电”到了之后，我才明白什么叫做“想当富翁靠胆识，想当富婆靠魅力”。谈不上漂亮的梅贞浑身充满活力、勇于冒险、人际关系好，是一位能勾勒梦想的人。每位大老板一听完她的简报后，几乎都认为她能帮助开拓事业、发财致富。所以说，会写案子的人还必须懂得介绍、推销。经济形势越不好，老板越需要这种能“拐”来客户、能吸金的人才。

非常想赚钱的人　在国内广开茶叶店的天福集团总裁李瑞河，多年前曾经一度因股灾而面临破产，但他天天充满干劲、非常想赚钱。他表示自己不要只会在知识的象牙塔里做白日梦的书呆子，他喜欢的员工也是拥有强烈赚钱欲望的人，因为他坚信充满斗志的人能替人赚钱。

时时喜乐、笑口常开的人　某家大饭店针对门房警卫进行裁员，出人意表的是，资深的人反而被裁了，而一位仅来半年的菜鸟反而被留下了。这位菜鸟有一个本事，那就是除了睡觉时间之外，时时笑口常开以及90度的鞠躬。你应该没听说过连当个门房警卫还能被挖角的吧？可听说就有好几位到饭店吃饭的大老板见了他都想挖角。结果，饭店老总破例给这位菜鸟警卫加薪留人。老板们相信，笑口常开的人肯定和钱有缘。

能动、静投资自己的人 理财专家们说投资属于动，储蓄是静，所以现代人要懂得动静皆宜，才能致富。经济不景气时，奉劝职场人最好要动起来，投资自己，再去进修第二或第三专长，开头提到的朋友欧阳先生就是因为晚上进修拿了一个心理咨询的证书，被老板升为项目经理，也加了薪资。

能激励老板的人 我们听过激励员工，很少谈到激励老板。小米是一家鞋店的员工，前一阵子不景气时，半天都没有一个顾客。其他柜台的店员都闲到发慌，只有小米不停地整理鞋子。一天鞋店老板看到这景象，私下问小米："没客人来，你怎么不休息一下呢？"小米答说："我不希望客人来时，看到我是懒洋洋的，我上班时间就应该替随时可能进来的顾客忙碌着，即使没有客人，也要随时有精神地站着。"让自己保持忙碌、主动是小米给予老板的印象，也大大激励了原本生意差心情欠佳的老板。三个月后，老板主动发给小米优秀员工绩效奖金。

加薪与不加薪，职场人该如何面对呢？建议年资三年以下的人尽量不以薪水来考虑，应该考虑的是未来在公司内的成长空间。年资深的可多留意市场趋势，等经济复苏之后，你将来的薪水有可能翻倍成长。

薪水这事，不仅对员工重要，对老板也很重要，因为从公司发展的角度来看，合理的薪水是留住员工的手段之一，薪水影响员工的忠诚度，给员工多少薪水也代表公司对员工的重视程度。例如，美国即使经济极差，但还是有公司款待员工到高级的餐厅享受豪华音乐午餐会，以往半年都订不到的餐厅，现在反而是让顾客员工享受六星级服务的大好机会。对老板们来说，逆境来临时，鼓舞员工士气也是一件非做不可的事。毕竟，双赢对老板和员工来说，才能做到宾主关系长长久久。

你是职场“墙头草”吗？

8

每当经济形势不好时，企业就会开始想办法精简人事，也就是裁员。那到底该先裁谁，相信这把尺真的很难裁量。你一定都见过，或者你的公司里头就有这么几号人物，说生产力没生产力，每天看报喝茶闲嗑牙，脚跷二郎腿等着领退休金的大佬级人物。

凡是专业度很高的下属对于这类老派的上司应该会特别不满，甚至让愤愤不平的情绪影响到自己的工作，以及对同事的态度。

此时就不由得要提提我那位朋友汤姆的故事。话说这位汤姆兄，工作起来专业度十足，一度还成为老板重点栽培的对象。某天，汤姆和他长久以来瞧不起的小主管（阶级低但资深）发生言语上的不愉快。老板原本就因生意不好打算裁人，而汤姆的“犯上”这事儿又闹得水火不容，逼得老板只好裁决，让汤姆自己辞职。并不是汤姆的老板不惜才，而是老板认为他长久以来就不太尊敬他的小主管，一直无法把“尊重上司”这事贯彻到底，老板认定汤姆欠缺胸怀和智慧，将来的发展也很有限，于是让他走人。

勿当派系的牺牲者

长久以来，职场一直有个灰色地带，以为口头上喊喊经理、协理就是尊重上司的表现。其实，不少人嘴里说一套，做的又是另一套，就好比婚姻中的人搞精神出轨一般。对婚姻不忠，可能导致家庭破裂；对老板忠诚出轨时，将有什么下场呢？职场人朱迪也有过这样的经验，她说打从一脚踏入公司派系时，就注定了有一天会被老板扫地出门。

举例来说，朱迪曾经帮某知名IT设备制造大厂的老板做事，她发现公司内部的员工分为许多派系，而老板也刻意利用派系来制造员工间彼此的激烈竞争，结果员工真的为公司创造出惊人获利。不过，朱迪倒是对我说，她接受但不认同老板的做法，因为操作派系有时会如脱缰的野马，一发不可收拾，而她最终也成为派系竞争的牺牲品。导火线是2008年全球经济形势严峻时，朱迪和主管在某个案子上，不慎挑战老板的权威和尊重。当时老板觉得朱迪的主管已经成为他心中的大患，无法掌控，欲除之而后快。最后，朱迪也跟着主管一同列入裁员名单之中。

朱迪回想，当时犯了许多职场新人的错误：她为了避免孤立无援，一进公司就一头栽进某个派系，失去了处世做人的中立性。

正面思考，就是尊重上司

工作的目的是什么？除了赚钱外，还应该学习些人际交往，尤其勿忘从老板身上学东西。通过观察上司的优点和缺点，让职场上的自己更为成熟、完善。

办公室总有“长舌妇”，告诉你某某人如何如何，哪个上司有什么丑闻等。当你决定和长舌妇交朋友时，也就等于抱着一个不定时炸弹，不知哪一天会被炸得粉身碎骨。试想，上司的负面消息进了你的耳朵之后，心里自然而然会对上司产生轻蔑不敬的态度，当戴着有色眼镜来看上司时，必将影响你平日和上司的互动，对于其所吩咐的工作也无法贯彻到底。倘若上司批评你，你很有可能转向长舌妇诉苦抱怨上司，而这就是不定时炸弹爆炸的一刻，因为调查显示，“长舌妇”是最有可能背叛同事的人之一。

来瞧瞧哪些人最容易背叛上司呢？答案是：负面思考的人。

有一位中年的职场人对我说：“我打从心里就是无法尊敬我的主管，因为他没有我优秀聪明能干，学历也没我高。之所以能坐上这个位子，无非是背景好、运气好。”这类人就属负面思考型，他会因为职场上不愉快的事件而感到对现况很无助，逐渐形成负面的信仰。久而久之，就失去理性判断的能力，遇事经常产生负面情绪，做出负面决策。老实说，我一听完这个人的抱怨，心里实在很想训他一顿，我问他：“难道你就不能正面思考，激励一下自己？”

为何要激励呢？激励可以帮助人转向思考如何解决问题，而不是一味地抱怨问题。千万别忘记，上司之所以能成为上司，一定有值得你学习的地方，试着把上司当成你的学习对象。或许你的上司真的没有你能干，但职场人要善于向别人学习，不能陷入自以为是的危机。要尝试从别人的角度去考虑问题，并且擅长与人合作。毕竟不正面思考的人，必定在职场上寸步难行；不尊重上司的人，必定在职场上吃闷亏。

职场没有永远的**敌人**

9

“历史上没有永远的盟友”，会这样说其来有自。在美国的主导下，一场轰动世界的绞刑送走了伊拉克前总统萨达姆。其实，萨达姆原本是华盛顿的重要盟友，孰知，随着国际局势变化，萨达姆和美国翻脸直至最终难逃一死。20世纪70年代末，美国为了牵制伊朗而扶持萨达姆，老布什甚至协助萨达姆非法洗钱，在美国支持下，萨达姆羽翼日丰。但当萨达姆开始以阿拉伯世界领导人自居时，也就是美国为其挖掘坟墓的开始。

职场上没有永远的敌人

只要有利益冲突，国际上就没有永远的盟友。而职场上，所有职场人最需要修习的一门课则是——职场上没有永远的敌人。

一般来说，当公司出现两种情况时，往往是职场重要人事重新洗牌，也就是与敌人相逢的时候。一是营运不善，二是跳槽风起时。前者例如，苹果计算机的史蒂夫·乔布斯（Steve Jobs），1993年末他从公众的视线中消失，两年后他回来拯救苹果，把苹果公司的市值从20亿扩大到200亿。他与创业伙伴史蒂夫·沃兹尼亚克（Steve Wozniak）曾有过一些摩擦分歧，尽管如此，两位史蒂夫仍然为对方彼此祝福，沃兹尼亚克曾公开地说："苹果计算机之所以有今天，是因为有乔布斯，他有自己的一套工作方式，并且总是站在绩效第一线，对员工的要求很高，这都是苹果公司的核心价值。"跳槽风起时，则例如星巴克创办人霍华德·舒尔茨（Howard Schultz），他在1986年因理念不合而离开了星巴克。第二年，听说星巴克老板有意出售，他便以近400万美元价格收购了星巴克。他最聪明的一点是，当他面对昔日反对他的老同事时，仍旧先替大家打气，妥善处理旧有的同事关系，不以上压下，于是过去对他不友善的老同事并没有集体出走。在这种安内再攘外的策略下，星巴克逐渐壮大。以上两家大公司的领导人就是百分百做到了"职场没有永远的敌人"。

所谓"好马不吃回头草"这句话在职场不见得是真理，因为许多行业目前都在进行"昔日故人来"的戏码。例如，网络业前几年萧条时，许多人才出走。但当网络第二春来临时，不少人又重回怀抱。金融海啸让不少金融人才过去为业务杀得死去活来，现在仇人说不定还成为同事呢。很多职场成功人士跳槽后又回到老东家实现价值。尤其是在外企，跳槽很普遍。跳来跳去，不是跳回原公司，就是遇到过去的上司或同事。职场应该是"好马可吃回头草"，只不过，回头的马必须懂得如何面对昔日敌人，并且学会更多的包容和理解。如果你正处在一个人才快速流动的领域，例如，IT、媒体、金融银行业等等，那么更要重视这个议题。

敌人从自己心中起

任职经理的Tina两年前因为对财务经理的预算分配不满，向老板提出意见，并且隔周写了一封措辞强硬的辞职信用E-mail广发给同事，信中表达了对财务经理以及公司的抗议。当时这件事还引起了两个部门之间的关系紧张。

两年后，Tina原来的老板以极好的条件邀请她回来执掌一项大案子。但是Tina陷入犹豫不决的困境，原因就在于她担心昔日敌对的财务经理可能会挟怨报复或让她穿小鞋。

像Tina这种人属于很典型的走时人际关系不好的一类，这种人容易有一种迫害妄想症，认为自己当时是被别人逼走的。其实不然，Tina当时是自己负气而走，Tina大动作的离职还惹来同事议论，认为她太小题大做了。Tina在重回老东家之前决定去一趟公司看看，她发现昔日与她敌对的财务经理竟然以极热情的声音对她说："我好高兴你回来，公司需要你这种优秀的人才。"老板一眼看出了Tina心中的半信半疑，事后对她说："财务经理被我调来当你半年的助手了，她要协助你这件大案子。你呀，别自己多疑心，其实，就是财务经理推荐你回来的。"是的，职场没有永远的敌人，只要有共同的目标利益在前，聪明的财务经理应该懂得让她和Tina的关系从对立面迅速转变为并肩作战的人。

小心职场的妇人病

基本上，女性重感情，但也很记仇。很多女性甚至还有结党结派的习惯，只要是哪个人得罪了自己人，那么也就跟着莫名其妙地敌视对方。职场女人有两种：

1 工作能力强的人，这种人很求表现，处处证明自己的实力，容易把职场看成紧张的敌对状态。她们不容易接受其他的强者，她们的共同点是追求职场晋升和名利双收。

2 工作态度强的人，这种人很求合作，时时往大格局看，懂得笑谈江湖恩怨，她们不是千面人，但是拥有千面的心态，有很好的弹性。她们喜欢强强联手，追求的是更高的优质生活。

我看过这样一个故事：一座孤岛上村民以放牧绵羊为生，但近来却因狼群闯入使得羊频频丢失。牧民为此组织了打猎队对狼群大肆捕杀，终于把全岛的狼一网打尽了。可说来奇怪，自从狼的问题解决了之后，羊群却不如以前健壮了，甚至还生病。一位长者给他们出了个主意：再给岛上放进几只狼，问题即可迎刃而解。奇迹出现了，原本残弱不堪的羊群又恢复了以前的生气。原因在于羊群有了狼的威胁，时时都得提高警惕，反而增加了它们的生命力。

是的，因为有了敌人的存在，使我们多了一份竞争力，有人说狮子之所以为百兽之王，就因为随时带有一份敏感的警觉性。

化敌为友的职场公关

职场没有永远的敌人，没有永远的上司，也没有永远的下属。多个敌人多堵墙，多个朋友多条路。你得罪过的人，可能是你下一个老板；你修理过的下属，可能哪天成了你的上司。职场不轻易树敌，凡事化干戈为玉帛：

好事要讲明，坏事要讲清　主动地传播和被动地让别人了解的效果是不同的。你不去传播，别人一定会去传播。当你发现已经树敌了，坏事一定要讲清楚，改正错误，这是职场上一种良好的心态。即使是敌人还是无法理解你时，自己也较能心安理得，卸下沉重的心理负担，前进的脚步会更轻快。

把握互惠互利原则　对自己的同事也可做点公关，公关的原则就是“双向对称”，而利己又利他正是职场公关稳固的基石。即使是敌人，也有一天能在他身上发现一些共同目标，将其培养成功利伙伴， 一旦组成合作联盟，给予实实在在的利益，双方产生信赖感的机会大增，进而化敌为友。

学会保护敌人，投资感情　有时要学会保护敌人，不要落井下石，要尝试对自己的同事投资感情。人毕竟是感情动物，再多的敌视有时只要一点点的感动就能化解融冰。

道德观是永远的，敌人只是一时　当你与人产生严重冲突时，职场人宁选道德。选择道德，其实就是选择更大、更长远的利益。选择道德，就是选择口碑，口碑是跟着职场人走一辈子的。

朋友让你感受春天般的温暖，敌人让你体会冬天般的冷酷；朋友教会你善良和正义，敌人教会你人心险恶与江湖危险；朋友祝福你的成功，敌人则是把你推向成功。

有时不要努力工作，反而获得更多

10

过去，专家们老是说，经济不景气时千万不要辞职，不要换工作，不要转行。我则主张还要多一项：不要努力工作！

怎么说呢？治豪过去为公司打下一片市场，他年薪加奖金约新台币四五百万，经历了科技业奖金分红的高峰，但是，那个时代已经过去了！甚至升职的美梦都泡汤了。接下来该怎么办？治豪带着几分神秘地说："不要努力工作。"

企业精简人力的原因，主要是：业务量减少（35.4%）、节省人事成本（30.4%），以及淘汰表现不好员工（17.9%）。治豪正是由于公司业务量减少而遇到职场"阶级滚动"严重塞车的现象，老板明确表示遇缺不补、冻结人事。经济低迷时冲击最大的正是像治豪这样的中产阶级，收入好、有车、有房，属典型的核心中产阶级。未来，不仅升职无望还可能减薪，使他从一位讲求生活品位的中产阶级，逐渐滑向边际中产阶级。

中产阶级该努力的是方向

过去，要力争上游成为中产阶级的关键就是比别人更努力；而现在或许应转换成比谁做得更确实。面对不确定的未来，提醒职场人必须有心理准备：努力，不一定会成功；但不变，一定不会成功！不要努力工作，指的并不是劝你偷懒，而是希望你能更关注于找到给自己更大提升空间的地方。例如，个人在专业之外，应该培养面对风险的弹性与能力，如情绪稳定的能力、克服困难的能力、与人相处的沟通能力，这些都非常重要。

美国总统奥巴马胜选的口号就是Change（变革），当时团队本身的营销方式也是经过一番变革，他们转向抓住刚满投票年龄资格的年轻人，并且利用Myspace、YouTube，和Facebook等社交网站渗透人心。又例如，我一位老板朋友在经济不景气同业都不看好下，坚持在休闲网站上投放了一笔为数不小的广告，事后证明他是对的，因为不景气时人们浏览休闲网站的时间反而更长。

其实，职场人也可以拿Change来作为自己的新目标。尝试扭转一些传统的职场观念，从新的角度去切入。你可以依序练习以下的步骤：

步骤一 Self-Criticism ——自我反省。

步骤二 20% Time——拿出20%时间让自己成长。

步骤三 Paid to Learn——花钱学新事物。

步骤四 Instant Expert——做个速成专家。

步骤五 Eternal Student——持续学习。

步骤六 Patchwork Career——尝试不同类型的工作。

尝试换个方式与态度工作

你对现在的工作满意吗？调查发现，现在理想工作难找的原因中，高达42%是因为“找相同工作的人太多，竞争太激烈”。另外，还有23%的老板根本不想找正职的员工，而是想找Part-Time（兼职）的人力。找Part-Time的主因是：

1. 整体人事成本考虑（71.8%）；
2. 工作调度较具弹性（35.9%）；
3. 经济恢复前的过渡方案（21.4%）。

许多人对于工作存在一些迷思，误以为努力工作就是保住饭碗的唯一方法。其实，在不景气时，再怎么努力有时也捍卫不了饭碗，有竞争力才是老板眼中的钻石。

以下是不死脑筋工作，保饭碗的五大原则：

1. 随时保持竞争力，多充实自己。
2. 培养第二专长，应付突如其来的裁员。
3. 加强个人价值，让老板重视你。
4. 加强语文能力。
5. 接受弹性工作方式。

过去的年代，只要努力就一定有成果；现在的年轻人则要很努力、非常努力，才有可能成功！或者是很懂得自求多福、自我投资。所以，不论环境的好与坏，想成功，就要“变则通”。如果你还死守着学校老师耳提面命的那句话——努力工作，那么你就严重落伍了。

该不该跟着直属上司**跳槽去?**

11

调查显示，每年农历年后大约有53%的职场人有主动跳槽的动机，如果加上考虑跟着直属上司跳槽的，那么比率可能更高。一般人在被挖角时，容易犯“过度理想化新职务”的毛病，而上司说服你跳槽，则容易陷入人情压力的困扰。

决定是否跟着上司跳槽前，一定要认清自己想跳槽的原因是什么。是眼前工作压力大？职业倦怠？产业前景看好，外界频频招手？工作太过稳定，以致感到无聊？有些上司看上的是你的关键技术与优势才能，而有的上司则是看中你无可救药的忠诚。有的上司懂得疼惜人才，处处为你谋福利；有的上司则是把你当面纸用，用完即丢。无论如何，上司跳槽一定是从他的自身利益出发，而且他并不负责你的后半辈子，所以，一定要理性看待这件事。

跳槽者的发展好坏各占一半，例如，有些人在产业界水土不服，但到了顾问业就如鱼得水，也有人因所跟非人后悔不已。我们先来看跟着直属上司跳槽通常失败的原因的先后顺序为何：

1 受到直属上司的情绪感染，其实自身的跳槽意愿并不强烈，以致到了新单位工作动机薄弱。

2 对跳槽后公司的企业文化适应不良。

3 无辜卷入新公司派系斗争漩涡中。

4 空降当主管，却无法得到新同事支持。

5 过度美化新职务，导致事实与想象差距过大。

提携恩情真的大于天吗？

被挖角者经常会陷入一时的兴奋而做出错误的决定。耀祖今年35岁，去年公司正值一波人事结构调整，他跟了好几年的直属上司正好被另一家公司挖角出任业务总监一职，职位和薪水福利都更上一层楼。耀祖当时正值工作遇到瓶颈，对于公司人事调整后的前景感到不安，而他的上司又表示跳槽后，将让耀祖独立带领一个全新的团队，对这一个全新的开始他感到兴奋不已，即便是他的兴趣并不是在业务上。

幸好当耀祖跟直属上司同时递出辞呈时，公司新任总经理分别询谈了他们两人，并让耀祖了解自己的直属上司是因为升职不成才愤而跳槽。总经理劝耀祖好好思考自己到底想做什么，衡量一下公司的全球资源能否提供他未来发展所需要的东西，而后再做决定。经过冷静思考后，耀祖决定留在原公司服务。

再举在科技公司上班的品宣来说，每天下午3点就会放下手边的工作，到公司餐厅，倒杯咖啡品尝免费的糕点，找个阳光洒进的靠窗座位，享受她的下午茶时间！下班后品宣也会先到公司附设的VIP级健身房跑步，舒缓压力后再回家。品宣正是两年前跟着上司一同跳到现在的公司，她说很庆幸当年选择跳槽，她强调当年可不是单纯为了人情才跟着上司跳槽，而是在人情之外，还反复确认了以下四“盲”：1.是否盲目跟潮，任意转换跑道；2.是否盲目听信，不加分析；3.是否盲目跳槽，情绪用事；4.是否茫然不知，急于求成。

试探上司离职的原因

转职最忌人云亦云，过度被上司美化的跳槽，结果可能带给你的是一场灾难，在你下决定之前，务必跟上司感性、有方向的沟通。

分析一般人换工作的原因，不外乎：

1 企业经营不善，非自愿性离职。

2 在公司中没有发展性，待遇不合理。

3 工作与兴趣不合。

4 工作环境与人际关系差，例如和老板、主管、同事人事不合。

5 新单位有更好、更诱惑人的待遇条件。

一旦你被上司要求一同跳槽时，你必须捺住兴奋的心情，以感性的口吻了解上司跳槽的真正原因，或直接问及对原公司的想法，借此了解上司到底是抱着理想跳槽，或是负气跳槽的。若是因第4项的人事问题而跳槽的，那么跟着一同跳槽的人马，将难免在业界留下负气出走的名声。若是第5项，则容易有背叛之嫌。

再问自己的跟随意愿

1 喜爱现在从事的工作吗？（职场上有所谓的三七定律：假设你对三成的工作内容感到枯燥，但七成是满意的，那么你还算满意目前的工作。）

2 在目前的公司里，前程看好或前途堪虑？认为自己有被提升的可能吗，或者已经到顶点了？

3 10年后的工作目标是什么？优势在哪里？准备在工作中如何利用和发挥它们？

4 将付出什么样的时间承诺？跟着上司跳槽，和上司的命运也被绑在一起，荣辱与共。上司基于绩效表现，势必给予更大的压力，超时工作，甚至24小时都随时待命，愿意接受吗？

5 自己正处于生命中哪一个阶段？职场人随着结婚成家生子等阶段，生命中除了工作外，还有其他事情更值得我们追求，必须明白有些东西是必须放弃的，否则生活将失衡。

6 上司是否是一位在工作能力、处世方法、道德人格、人生态度上值得追随的对象？名利财富是一时的，我们绝不能只看重工作成就，许多企业人士之所以被社会尊崇，更多的是在于他们的人生态度。一位正直、亦师亦友的上司才是职场人的一盏明灯。

大规模跳槽，搞清你的定位在哪里？

切记！要观察你的上司是否搞小团体搞派系而离开。如果是上司带着一两人跳槽还好，若像曾发生过的会计师事务所、律师事务所或科技业带着百人跳槽，那可就引起业内大地震了，因为其东家损失的可就大了。假设你正是大规模跳槽的一员，那么要想清楚你对团队的贡献度有多高？在团体里的分量越重，你的跳槽才越能彰显价值。跟着上司跳槽容易被新同事贴上派系的标签，所以尽量跟每个同事都保持等距关系，以免被当成人事斗争的标靶。

由一个人的离职过程，可以评断出其工作态度及品德，也是新公司评鉴此人的重要依据。有些职场人捺不住性子，在跟上司跳槽辞呈都还未批准之前，就自行泄漏消息，如此，将使一些客户产生不安，妨碍公司正常的营运。

跟着上司带着祝福跳槽　基本上，直属上司带着下属一同跳槽时，都同时带走了原公司的人脉、业务和资源。不论你下任何决定，“人过留名，雁过留声”这句话提醒我们不管你是留或走，都不应意味着对过去公司的否定，职场人一定要处理好新旧职场里的各种关系。

若真拿不定主意　一边是直属上司的人情压力，一边是原公司的大好前程，你到底该走不走？你最好直接且立即面对这个问题，主动告知原东家你可能被挖角一事，但你还拿不定主意，不知道该不该接受。此时你的态度必须是诚恳低调，并且表示不知道公司对你的未来是否有任何计划与想法，这种情况下，你很可能会得到衷心的挽留及拔擢。一定要将自己未来的主导权掌握在自己的手里。

凤还巢，容易吗 如果跳槽后又想回头的话，有无可能呢？假设你是位炙手可热的关键技术人才，那么老东家自然很欢迎凤还巢，尤其基于人才成本考虑，有些企业很愿意让离职员工再度回锅。

以自己的愿景决定去留

对于个人来说，若只因高薪或是江湖义气而选择一份工作，这种思考逻辑未免太短视近利。面对挖角，考虑的应该不只是薪水，也应留意未来的行业景气，以及是否能够符合自己成长方向的工作，才是值得跳槽的工作。一个人的思考是有限的，考虑跳槽或转职时，不妨多听听旁人的意见，降低跳槽失败的风险，例如，我们可以咨询与自己工作相关，但职业、思考层面不完全类似的好友，有社会经验的忘年之交，家人与伴侣的意见也必须考虑。更重要的一点是，面对跟上司一同跳槽的情形，绝对不要和同事或有利害关系的人讨论，避免流言四起，平白丢了工作。

桂图登字: 20-2010-173
图书在版编目(CIP)数据

崔慈芬职场智慧课／崔慈芬著．—桂林：漓江出版社，2010.9

ISBN 978-7-5407-4890-6

Ⅰ.①崔… Ⅱ.①崔… Ⅲ.①职业选择-通俗读物 Ⅳ.①C913.2-49

中国版本图书馆 CIP 数据核字（2010）第172242号

崔慈芬职场智慧课

作　　者：崔慈芬
责任编辑：张　芳　董　卉
版权联络：董　卉
责任校对：徐　明　章勤璐
责任监印：唐慧群

出 版 人：杜　森
出版发行：漓江出版社
社　　址：广西桂林市南环路22号　　邮　　编：541002
发行电话：0773-2583322　　010-85893190
传　　真：0773-2582200　　010-85800274
邮购热线：0773-2583322
电子信箱：ljcbs@163.com
http://www.Lijiang-pub.com
印　　制：北京市尚唐印刷包装有限公司
开　　本：965 × 1270　　1/32　　印　　张：5.75
字　　数：98千字
版　　次：2010年10月第1版　　印　　次：2010年10月第1次印刷
书　　号：ISBN 978-7-5407-4890-6
定　　价：25.00元